Marieluise Beck (Hg.)

Ukraine verstehen

Auf den Spuren von Terror und Gewalt

Ukrainian Voices

Collected by Andreas Umland

9   *Nataliya Gumenyuk*
       Die verlorene Insel
       Geschichten von der besetzten Krim
       Mit einem Vorwort von Alice Bota
       Aus dem Ukrainischen übersetzt von Johann Zajaczkowski
       ISBN 978-3-8382-1499-3

10   *Olena Stiazhkina*
       Zero Point Ukraine
       Four Essays on World War II
       Translated from Ukrainian by Svitlana Kulinska
       ISBN 978-3-8382-1550-1

11   *Oleksii Sinchenko, Dmytro Stus, Leonid Finberg*
       Ukrainian Dissidents: An Anthology of Texts
       ISBN 978-3-8382-1551-8

12   *John-Paul Himka*
       Ukrainian Nationalists and the Holocaust
       OUN and UPA's Participation in the Destruction of Ukrainian Jewry, 1941–1944
       ISBN 978-3-8382-1548-8

13   *Andrey Demartino*
       False Mirrors
       The Weaponization of Social Media in Russia's Operation to Annex Crimea
       With a foreword by Oleksiy Danilov
       ISBN 978-3-8382-1533-4

14   *Svitlana Biedarieva (ed.)*
       Contemporary Ukrainian and Baltic Art
       Political and Social Perspectives, 1991–2021
       ISBN 978-3-8382-1526-6

15   *Olesya Khromeychuk*
       A Loss: The Story of a Dead Soldier Told by His Sister
       With a foreword by Andrey Kurkov
       ISBN 978-3-8382-1570-9

The book series "Ukrainian Voices" publishes English- and German-language monographs, edited volumes, document collections, and anthologies of articles authored and composed by Ukrainian politicians, intellectuals, activists, officials, researchers, and diplomats. The series' aim is to introduce Western and other audiences to Ukrainian explorations, deliberations and interpretations of historic and current, domestic, and international affairs. The purpose of these books is to make non-Ukrainian readers familiar with how some prominent Ukrainians approach, view and assess their country's development and position in the world. The series was founded and the volumes are collected by Andreas Umland, Dr. phil. (FU Berlin), Ph. D. (Cambridge), Associate Professor of Politics at the Kyiv-Mohyla Academy and Senior Expert at the Ukrainian Institute for the Future in Kyiv.

LIB MOD
Zentrum Liberale Moderne

ukrainian institute

UKRAINE VERSTEHEN

AUF DEN SPUREN VON TERROR UND GEWALT

Bibliografische Information der Deutschen Nationalbibliothek
Die Deutsche Nationalbibliothek verzeichnet diese Publikation in der Deutschen Nationalbibliografie; detaillierte bibliografische Daten sind im Internet über http://dnb.d-nb.de abrufbar.

Bibliographic information published by the Deutsche Nationalbibliothek
Die Deutsche Nationalbibliothek lists this publication in the Deutsche Nationalbibliografie; detailed bibliographic data are available in the Internet at http://dnb.d-nb.de.

Herausgeberin: Marieluise Beck
Zentrum für die Liberale Moderne gGmbH
Reinhardtstr. 15
10117 Berlin
Telefon +49 (0)30 - 25 09 58 70
info@libmod.de
www.libmod.de

www.ukraineverstehen.de

Redaktion: Julia Eichhofer, Saskia Heller
Wissenschaftliche Mitarbeit: Valeriya Golovina, Mattia Nelles
Lektorat: Christoph Brumme, Dr. Hans Theissen, Antje Wilke

Illustrationen: Hannah Brückner
Satz und Gestaltung: Peder Iblher, Blu Dot

Dieses Projekt ist Teil des
Lysiak-Rudnytsky Ukrainian Studies Programme
vom Ukrainian Institute

ISBN-13: 978-3-8382-1653-9

© *ibidem*-Verlag, Stuttgart 2021

Alle Rechte vorbehalten

Das Werk einschließlich aller seiner Teile ist urheberrechtlich geschützt. Jede Verwertung außerhalb der engen Grenzen des Urheberrechtsgesetzes ist ohne Zustimmung des Verlages unzulässig und strafbar. Dies gilt insbesondere für Vervielfältigungen, Übersetzungen, Mikroverfilmungen und elektronische Speicherformen sowie die Einspeicherung und Verarbeitung in elektronischen Systemen.

All rights reserved. No part of this publication may be reproduced, stored in or introduced into a retrieval system, or transmitted, in any form, or by any means (electronical, mechanical, photocopying, recording or otherwise) without the prior written permission of the publisher. Any person who does any unauthorized act in relation to this publication may be liable to criminal prosecution and civil claims for damages.

Printed in the EU

Inhalt

Vorwort zur Neuausgabe April 2022 .... Marieluise Beck 7

Vorwort .... Marieluise Beck 8

Vorwort .... Dmytro Kuleba 11

Einleitung .... Timothy Snyder 13

Kapitel 1: Stalinistische Repressionen

Roter Hunger .... Anne Applebaum 18

Holodomor: Geschichte und Bedeutung
der großen Hungersnot .... Serhii Plokhii 23

Die hingerichtete Renaissance
und Stalins Kampf gegen die
ukrainische Intelligenzija .... Volodymyr Yermolenko 27

Deutsche Ahnensuche
in ukrainischen Archiven .... Oksana Grytsenko 33

Deportation der Krimtataren –
ein dorniger Weg durch die Jahrzehnte .... Viktoria Savchuk 37

Kapitel 2: Besatzungsmächte im Zweiten Weltkrieg

Das Erbe des Hitler-Stalin-Pakts:
die Ukraine zwischen Nation
und imperialer Herrschaft .... Jan Claas Behrends 45

Die Ukraine unter dem Regime der Nazis .... Karel C. Berkhoff 47

Stepan Bandera – zum historischen und
politischen Hintergrund einer Symbolfigur .... Wilfried Jilge 58

Das vergessene Massaker von Korjukiwka .... Christoph Brumme 71

Bremer Polizeibeamte im Holocaust .... Klaus Wolschner 75

Das Antonescu-Regime und die
„Judenfrage" in Rumänien .... Ottmar Trașcă 80

Wolodymyr Koltschinskyj –
eine Lebensgeschichte .... Nikolaus von Twickel 87

Kapitel 3: Erinnerung und Verantwortung

Verdrängte Erinnerung an den Holocaust .... Irina Scherbakowa 92

Das Gedenken muss über die
Konzentrationslager hinausgehen .... Nikolai Klimeniouk 98

Ukrainische Zwangsarbeiterinnen –
Schicksal und Gedenken .... Gelinada Grinchenko 103

Das Ukrainebild der Deutschen –
Gedanken zu einer Tragödie .... Sebastian Christ 107

War die Ukraine eine Kolonie? .... Gerhard Simon 114

Tschernobyl – Tschornobyl:
ein Erinnerungsort von globaler Bedeutung .... Anna Veronika Wendland 117

Tschernobyl – Katastrophe ohne Danach .... Rebecca Harms 123

Aufbruch in eine offene Gesellschaft .... Eduard Klein 129

Das Medusenmuseum –
eine Erinnerung an den Maidan .... Kateryna Mishchenko 132

Eine gelungene Entkommunisierung? .... Sébastien Gobert 137

Ukrainische Traumata .... Yevhen Hlibovytsky 140

Über die Autorinnen und Autoren 144

Vorwort zur Neuausgabe April 2022

von Marieluise Beck, Direktorin Ostmitteleuropa
beim Zentrum Liberale Moderne

Wir stehen vor einer Neuauflage des Buches. Am 24. Februar 2022 überfiel die Russische Förderation die Ukraine unter dem vollkommen absurden Vorwand, sie müsse die russische Bevölkerung im Donbas schützen. Als Kriegsziel gab Putin die „Denazifizierung" und Entmilitärisierung der Ukraine aus. Das ist eine zynische Umschreibung für die Vernichtung der nationalen Eigenständigkeit der Ukraine. Monatelang hatte das russische Militär die Ukraine unter den Augen der Weltöffentlichkeit eingekreist. Aber der Westen wollte den Warnungen, dass Putin Ernst machen würde, nicht glauben.

Die fast flehentlichen Bitten des ukrainischen Präsidenten, die Ukraine militärisch so auszustatten, dass sie einem Angriff standhalten könnte, wurden nur sehr zögerlich erfüllt. Das ruft in der Ukraine das Gefühl des Alleingelassenseins hervor.

In diesem Sinne ist der historische Rückblick dieses Büchleins überaus hilfreich.

Die Erfahrung des Holodomor ist in die DNA der ukrainischen Nation eingegangen. So auch die sowjetische Besatzung und der Terror unter Stalin. Freundliche Empfehlungen, die Ukraine möge sich doch den Forderungen Putins fügen und neutral – und damit ungeschützt – bleiben, sind geschichtsblind.

Für Deutsche gilt es, sich das Ausmaß des ungeheuren Vernichtungsfeldzugs zu vergegenwärtigen, den Wehrmacht, SS und Polizeibataillone insbesondere auf dem Boden der Ukraine angerichtet haben. Wenn dieses Deutschland nun nicht an der Seite der Ukraine steht und den Ukrainern jede Unterstützung gewährt, die sie zur Verteidigung ihrer Freiheit brauchen, so ruft das große Enttäuschung und Bitterkeit hervor.

Dieser Krieg spielt sich nicht in einem geschichtsfreien Raum ab. Wer die Ukrainer und ihren Kampf um Freiheit und Selbstbestimmung verstehen will, wird nach dem Lesen dieses Readers besser verstehen, worum es geht.

Berlin, im März 2022

Vorwort

von Marieluise Beck, Direktorin Ostmitteleuropa
beim Zentrum Liberale Moderne

Wir wollen nach Europa! Dieser Ruf des Maidans war eine der mächtigsten Antriebskräfte des demokratischen Aufbruchs in der Ukraine. Europa – das stand für Demokratie, Rechtsstaat, Reisefreiheit und ein besseres Leben. Historisch, geografisch und kulturell gehört die Ukraine ohnehin zu Europa. Diese Gegebenheit ist nach der Teilung Europas in Jalta in Vergessenheit geraten. Mehr als ein halbes Jahrhundert hielt sich diese Teilung in Ost und West, die Roosevelt, Churchill und Stalin auf der Krim besiegelt hatten. Damit geriet unsere gemeinsame Geschichte in Vergessenheit. Vergessen wurden die alten Zugehörigkeiten, die alten Namen, verdrängt die Sprachen, die Kenntnis der geografischen Koordinaten.

Mit dem Eisernen Vorhang ging auch die nationale Selbstbestimmung des östlichen Europas verloren. Die Versuche, das sowjetische Imperium abzuschütteln, wurden in Budapest, Prag und Warschau blutig niedergeschlagen.

Mit der Gründung der Europäischen Wirtschaftsgemeinschaft und schließlich der Europäische Union entstand eine auf den Westen begrenzte europäische Gemeinschaft. Die Völker im Osten gerieten zunehmend aus dem Blick. Man war bereit, sich mit der Teilung Europas zu arrangieren. In Vergessenheit geriet, dass Mittelosteuropa multikulturell war, dass die Memel als jüdischer Fluss galt, dass es einst ein mächtiges litauisch-polnisches Königreich gab, die Hanse von Lübeck bis Riga reichte, der Adel in St. Petersburg französisch sprach, Odesa ein Ort italienischer Baumeister, begnadeter Musiker und deutscher Klavierbauer war. Vergessen wurde auch, dass sich Armenien wie Georgien als Teil des christlichen Europas verstanden.

Der Fall des Eisernen Vorhangs eröffnete uns die unverhoffte Chance, dieses Europa wieder als Ganzes zu entdecken. Wir stoßen auf Vergessenes und Verdrängtes, auf den Missbrauch und die Verdrehung historischer Fakten und auf viele Tabus. Wir treffen auf Völker, denen es lange versagt blieb, als eigenständige Nationen auf der Landkarte zu erscheinen, und deren Sprachen systematisch zugunsten des Russischen verdrängt wurden. Ungeheure Gewalttaten, die mit dem Namen Stalin verbunden sind, haben Millionen von Menschen durch Hunger, Zwangsarbeit und Erschießungen in den Tod getrieben. Mit unfassbaren Verbrechen haben SS und Wehrmacht die jüdische Bevölkerung systematisch vernichtet und die Slawen als „Untermenschen" behandelt. Timothy Snyder hat den Landstrich von der Ostsee bis zum Schwarzen Meer als „Bloodlands" bezeichnet – die Erde dort ist getränkt von Blut.

Der mächtige Ruf nach Freiheit und nach dem Ende der korrupten Herrschaft weniger über viele, nach dem Ende von Willkür und Gewalt – das war der Maidan des Jahres 2013/14. Mit ihm gelangte die Ukraine wieder auf die kognitive Landkarte Europas. Fast siebzig Jahre unter dem Dach der Sowjetunion hatten das Land nahezu unsichtbar gemacht.

Tief eingebrannt in die ukrainische DNA ist die Erfahrung des Holodomors: millionenfacher Hungertod im Land der fruchtbaren Schwarzerde, Hunger vor allem auf dem Land, wo selbst das Saatgut konfisziert wurde. Wie viele Millionen Menschen diesem gezielt herbeigeführten Massensterben zum Opfer fielen – wir wissen es nicht genau. Dass Stalin neben den Bauern auch die Intelligenzija und die ukrainischen Kader der Kommunistischen Partei ermorden ließ, deutet auf alle Merkmale eines systematisch angelegten Genozids. Wer diese Vorgeschichte nicht kennt, wird womöglich fragen, weshalb die meisten Ukrainer und Ukrainerinnen den vermeintlichen Schutz Moskaus so vehement ablehnen. Sie haben ein feines Gespür dafür, dass die Herren des Kremls bemüht sind, das russische Imperium wiederherzustellen. Eine unabhängige, souveräne Ukraine steht diesen Ambitionen im Weg.

Der imperiale Wahn Hitlerdeutschlands traf die „Bloodlands" in besonders grausamer Weise. Der Zweite Weltkrieg begann mit dem Überfall der deutschen Wehrmacht auf Polen am 1. September 1939 im Westen. Nur 17 Tage später gesellte sich Stalins Rote Armee aus dem Osten hinzu. Stalin und Hitler hatten einen Teufelspakt geschlossen, dessen Umsetzung Polen zerstörte und Galizien zum Ort grausamer nationalistischer Exzesse machte. Bei den Anhängern des ukrainischen Nationalisten Stepan Bandera weckte der deutsche Angriff auf die Sowjetunion die verheerende Illusion, die Deutschen würden sie vom sowjetischen Joch befreien.

Unvorstellbare Verbrechen an der slawischen Bevölkerung gehen auf das Konto der deutschen Wehrmacht. Deutsche sollten den Ort Korjukiwka kennen, in dem die Wehrmacht fast 7000 Zivilisten in zwei Tagen als Vergeltung für Partisanenangriffe ermordete. Adolf Hitler bot dem rumänischen Diktator Ion Antonescu Transnistrien, die Bukowina und den Süden der Ukraine als Lohn für seine Kumpanei an. Und so mordeten sie gemeinsam. Die jüdische Bevölkerung in Tscherniwzi wurde durch rumänische Truppen ausgelöscht. Deutsche Truppen standen vor Odesa und überließen dann das Morden ihren rumänischen Verbündeten. Im Oktober 1941 wurden mindestens 25 000 Jüdinnen und Juden in Militärbaracken verbrannt, in die man sie vorher getrieben hatte. Die Dimension dieses Verbrechens erinnert an Babyn Jar.

Hunderttausende Juden wurden in Ghettos nach Transnistrien verschleppt und kamen dort unter menschenunwürdigen Umständen zu Tode. In der Ukraine gab es laut Yahad-In Unum 2000 Erschießungsplätze, auf denen SS, Polizeibataillone, Soldaten der Wehrmacht und lokale Hilfspolizisten vor allem jüdische Menschen ermordeten. Auch slawische Partisanen und französische Kriegsgefangene zählten zu den Opfern. Die „Shoah durch Kugeln" ging den industriellen Vernichtungslagern wie Auschwitz voraus.

Diese Geschichte der doppelten Gewaltherrschaft durch die beiden imperialen Großmächte Sowjetunion und „Drittes Reich" begründet in der Ukraine wie in anderen osteuropäischen Ländern ein tief liegendes Unbehagen gegenüber Berlin, wenn es wie einst mit Moskau Verträge zulasten Dritter abschließt.

Es ist an der Zeit, sich dieser Geschichte zu stellen. Ihre langen Linien wirken fort. Ihre destruktive Kraft verliert sie nur, wenn die historischen Erfahrungen, die erlebte Gewalt und die traumatischen Erfahrungen der mittelosteuropäischen Völker zur Sprache kommen. Nur die Wahrheit macht Versöhnung möglich.

Wir danken all jenen, die es uns möglich machten, Vergessenes wiederzuentdecken und somit auch unsere eigene Geschichte neu zu verstehen. Deutschland, die Ukraine und 47 andere Länder: Gemeinsam sind wir Europa. Mein besonderer Dank gilt den Autorinnen und Autoren dieses Buches und dem Redaktionsteam des „Zentrum Liberale Moderne", insbesondere Saskia Heller, Julia Eichhofer, Valeriya Golovina und Mattia Nelles.

Berlin, im Oktober 2020

Vorwort

von Dmytro Kuleba, Außenminister der Ukraine

1991 erhielt die Ukraine mit der Unabhängigkeit das natürlichste Recht eines jeden Landes und Volkes – das Recht auf sein eigenes historisches Gedächtnis. Während der „Revolution der Würde" in den Jahren 2013–2014 wählten die Ukrainerinnen und Ukrainer die Freiheit im Gegensatz zu postkolonialen Syndromen. Seitdem werden wir von der russischen Aggression auf die Probe gestellt und haben auf diesem dornigen Weg unumkehrbare Punkte überschritten. Das gilt auch für die Geschichte. Das ukrainische Volk wird niemals zum sowjetisch-russischen Paradigma zurückkehren, niemals dessen historische Umdeutungen akzeptieren.

Heute ist die Ukraine ein gleichberechtigter Teil einer globalen historischen Diskussion, und diese Teilnahme hat sie sich verdient. Ein Volk, das fast alle grausamen Ereignisse des 20. Jahrhunderts durchmachen musste, hat ein bedingungsloses Recht darauf, dass seine Geschichte in den Lehrbüchern korrekt dargestellt wird – unter anderem, um totalitären Krankheiten vorzubeugen. Die ukrainische Geschichte des 20. Jahrhunderts enthält das Konzentrat der komplexen Geschichte Europas in diesem Jahrhundert.

Eine nationale Tragödie ist nicht abstrakt. Sie ist ein Mosaik vernichteter menschlicher Existenzen. Sie ist das Leid, von dem jede Familie heimgesucht wurde. Das 20. Jahrhundert wurde für das ukrainische Volk zum Jahrhundert einer nationalen und einer privaten Tragödie. Die moderne Ukraine kann man nicht begreifen, wenn man ihre tragische Vergangenheit nicht kennt.

Deswegen stehen im Mittelpunkt dieses Bandes sowohl Berichte über Repressionen unter Stalin und den Holodomor als auch Reflexionen über den Zweiten Weltkrieg, die Nazibesatzung und den Holocaust.

Der Mut und die Würde, mit denen die deutsche Gesellschaft gelernt hat, über unangenehme Themen zu sprechen, verdienen tiefen Respekt. Seit mehr als sieben Jahrzehnten besteht die deutsche Gesellschaft erfolgreich eine der schwierigsten Prüfungen der Welt: mit einem ehrlichen Blick in den Spiegel der eigenen Geschichte standzuhalten. Und diese Ehrlichkeit zahlt sich aus: Auf den Trümmern seiner eigenen Identität hat Deutschland es geschafft, ein neues, erfolgreiches und wohlhabendes Land aufzubauen. Jetzt nimmt die Bundesrepublik Deutschland eine Führungsposition in der Europäischen Union ein und nutzt sie, um für die gemeinsame Sicherheit und einen stabilen, unversehrten Frieden in Europa zu sorgen – ein hart erkämpftes Gut aus schrecklichen Zeiten, das unter keinen Umständen verloren gehen darf.

Die gründliche Analyse der Ereignisse des Zweiten Weltkrieges dauert an. Die Verfasser dieses Bandes machen den notwendigen Schritt, um endlich unter die Oberfläche eines überholten Ideologems der „deutschen historischen Verantwortung gegenüber dem sowjetischen Volk" zu schauen. Irrtümlicherweise wird diese deutsche historische Verantwortung als ausschließlich gegenüber Russland geltend gesehen. Es gab aber nie ein sowjetisches Volk. Und wer nur von „Russen" spricht, missachtet die Vertreter anderer Völker, die unter Nazismus und Kommunismus gelitten und gegen diese beiden Regimes gekämpft haben, insbesondere Ukrainerinnen und Ukrainer.

Einst bildete eine Reihe von nationalen Republiken die UdSSR. Heute hat jede von ihnen ihre eigenen Beziehungen zum modernen Deutschland. So soll es auch bei der Arbeit an der tragischen Vergangenheit sein. Jede Nation hat das Recht auf eine eigene Betrachtung.

Die Ukraine will kein „Opfer der Geschichte" sein. Sie unterzieht sich einer „Therapie", um ihre Traumata des 20. Jahrhunderts hinter sich zu lassen. Gleichzeitig versucht sie, das Bluten der offenen Wunden zu stoppen und sich das Recht zu erkämpfen, für sich selbst zu sprechen.

Ich bin den Autoren und Autorinnen dieses Bandes aufrichtig dankbar für ihre Bereitschaft, die Vergangenheit gemeinsam zu thematisieren, die trotz ihrer Schmerzhaftigkeit angesprochen werden muss.

Dieser Sammelband soll beim Leser keine Tränen der Rührung hervorrufen, weil die Menschen in der Ukraine so viel Unglück und Leid erlebt haben. Ziel ist es, den modernen deutschen Diskurs zu bereichern, ihm Perspektive und Kontext hinzuzufügen. Dieses Buch soll einen authentischen Blick auf die Geschichte des ukrainischen Volkes werfen, das einen wichtigen Teil des historischen Mosaiks Europas ausmacht. Ukrainische Tragödien sollen als Teil des gemeinsamen Schmerzes gesehen werden. Dieser unerbittliche Schmerz brachte die Werte des modernen Europas hervor, die wir heute teilen und verteidigen.

Ich glaube, dass dieser frische Blick und dieses offene Gespräch den Weg für ein besseres gegenseitiges Verständnis ebnen. Dieser Ansatz entspricht voll und ganz der positiven und progressiven Dynamik der modernen deutsch-ukrainischen Beziehungen.

Kyjiw, im Oktober 2020

Aus dem Ukrainischen von Sofija Onufriv.

Einleitung

von Timothy Snyder

Warum sollten wir heute, wo in ganz Europa der Populismus blüht, wo die Demokratien in den Vereinigten Staaten von Amerika oder in Großbritannien von innen und außen unter Druck stehen und wo Russland militärisch in die Ukraine eingedrungen ist – warum sollten wir gerade in dieser turbulenten Zeit über historische Verantwortung sprechen?

Die Antwort ist: Es sind ebendiese Probleme, weshalb wir über historische Verantwortung sprechen müssen. Es gibt viele Ursachen für die Konflikte innerhalb der Europäischen Union, es gibt viele Gründe für die Krise der Demokratie in den Vereinigten Staaten. Einer davon ist das Unvermögen, mit bestimmten Aspekten der Geschichte umzugehen.

Lassen Sie mich über Deutschland sprechen, indem ich mit den Vereinigten Staaten beginne. Warum haben wir die Regierung, die wir jetzt haben? Wie konnten wir 2016 einen amerikanischen Präsidenten wählen, der sich unverantwortlich in rassistischer Weise äußert? Wie konnten wir einen Generalstaatsanwalt haben, der als Verfechter weißer Vorherrschaft gilt? Die Antwort lautet: Weil wir uns mit wichtigen Fragen unserer Vergangenheit nicht auseinandergesetzt, keine historische Verantwortung übernommen haben.

Der Präsident fragt sich öffentlich, warum wir den Amerikanischen Bürgerkrieg geführt haben, warum es überhaupt dazu kam, dass es in Amerika einen Konflikt über Sklaverei gab. Die Frage der Sklaverei und die Frage, was eine Kolonie ist, was ein Imperium ist, führen uns zu dem zentralen Punkt, den ich für einen blinden Fleck im historischen Gedächtnis Deutschlands halte.

Die Ukraine im Zentrum von Hitlers Ideologie

Amerika wurde zu einem großen Teil durch Sklavenarbeit errichtet. Es ist gerade dieses Modell der Grenzkolonisation, des von Sklaven errichteten Imperiums, das Hitler bewunderte. Für Hitler stand fest, wer im deutschen Ostimperium die „rassisch Niedergestellten", die Sklaven, sein sollten. Die theoretische Antwort gab er in „Mein Kampf", die praktische ab 1941 im Ostfeldzug: Die Ukrainer.

Sie standen im Zentrum seiner Kolonisations- und Versklavungspolitik. Die Ukrainer sollten behandelt werden wie „Afrikaner" oder „Neger", wie deutsche Dokumente aus dem Krieg zeigen. In Analogie zu den Vereinigten Staaten war Hitlers Idee, eine auf Sklaverei beruhende Kolonialherrschaft in Osteuropa zu errichten, in dessen Zentrum die Ukraine stehen sollte.

Und weil die Eroberung der Ukraine ein zentrales Ziel für Hitler war, ist es sinnlos, an den Zweiten Weltkrieg zu erinnern, ohne die Ukraine besonders zu berücksichtigen. Jedes Gedenken, das an die ideologischen, wirtschaftlichen und politischen Absichten des Naziregimes erinnert, muss daher mit der Ukraine beginnen.

Hitlers Politik konzentrierte sich geradezu auf die Ukraine: Der Hungerplan mit der Vorstellung, Zigmillionen Menschen im Winter 1941 verhungern zu lassen; der Generalplan Ost mit der Idee, in den folgenden Jahren weitere Millionen Menschen gewaltsam umzusiedeln oder zu töten, und schließlich die „Endlösung", Hitlers Plan von der Vernichtung der Juden – all diese Vorstellungen gingen einher mit der Idee der Invasion in die Sowjetunion, deren Hauptziel die Eroberung der Ukraine war.

Folgen der deutschen Besatzung für die Ukraine

Die Folgen für die Ukraine waren katastrophal: Dreieinhalb Millionen Zivilisten der Sowjetukraine wurden Opfer deutscher Tötungspolitik zwischen 1941 und 1945. Hinzu kommen weitere dreieinhalb Millionen Ukrainer und Ukrainerinnen, die als Soldaten der Roten Armee oder indirekt an den Folgen des Krieges starben.

Natürlich sind die Zahlen für die gesamte Sowjetunion viel höher. Aber es lohnt sich, hier spezifisch zu sein und sich der Unterschiede zwischen der Ukraine und dem Rest der Sowjetunion gewahr zu werden. Erstens stand die Ukraine als Lebensraum und Kornkammer im Zentrum des ideologischen Kolonialismus' Hitlers. Zweitens war das Land die meiste Zeit des Krieges komplett besetzt, während die deutschen Armeen weniger als fünf Prozent von Sowjetrussland erobert haben (und selbst das nur für einen relativ kurzen Zeitraum).

Ohne jeden Zweifel litten das russische und das ukrainische Volk unter dem Zweiten Weltkrieg in einer Weise, die für Westeuropäer undenkbar ist. Aber wenn wir über die Sowjetunion nachdenken, ist die Stellung der Sowjetukraine dennoch besonders, selbst im Vergleich zu Sowjetrussland. In absoluten Zahlen starben nach Schätzungen russischer Historiker im Zweiten Weltkrieg mehr Einwohner der Sowjetukraine als Einwohner Sowjetrusslands. Relativ gesehen war die Ukraine somit viel mehr Gefahren während des Kriegs ausgesetzt als Sowjetrussland.

Mit anderen Worten: Es ist wichtig, an den deutschen Vernichtungskrieg gegen die Sowjetunion zu erinnern. Aber im Zentrum dieses Vernichtungskriegs gegen die Sowjetunion stand nicht nur Russland, sondern vor allem die Ukraine.

Wenn wir über deutsche historische Verantwortung für Russland sprechen wollen, müssen wir mit der Ukraine beginnen. Die größte zerstörerische Praxis des deutschen Krieges traf die Ukraine. Wenn es ernsthaft um die deutsche Verantwortung für den Osten gehen soll, muss deshalb die Ukraine an erster Stelle genannt werden.

Verantwortung für den Holocaust bedeutet auch Verantwortung für die Ukraine

Der Holocaust ist integral verbunden mit dem Vernichtungskrieg und dem Bestreben, die Ukraine zu erobern. Hätte Hitler nicht die koloniale Vorstellung gehabt, einen Krieg in Osteuropa zu führen, um die Ukraine zu kontrollieren, hätte es den Holocaust nicht gegeben. Denn es war dieser Plan, der die deutsche Staatsmacht nach Osteuropa brachte, wo die europäischen Juden mehrheitlich lebten.

Erst der Krieg in der Ukraine brachte Wehrmacht, SS und die deutsche Polizei an Orte, wo Juden massenhaft umgebracht werden konnten. Es waren Orte wie Babyn Jar oder Kamjanez-Podilskyj, wo 1941 erstmals in der Geschichte der Menschheit Zehntausende Menschen durch Massenerschießungen ermordet wurden. Hier wurde den Nationalsozialisten klar, dass so etwas wie der Holocaust möglich war.

Was bedeutet das? Es bedeutet, dass jeder Deutsche, der den Gedanken der Verantwortung für den Holocaust ernst nimmt, auch die Geschichte der deutschen Okkupation der Ukraine ernst nehmen muss.

Deutsche Urteile über die Ukraine sind nicht unschuldig

Als Historiker weiß ich, dass die Geschichte der Ukraine unbekannt und kompliziert erscheint. Aber das ist nicht das einzige Problem. Ein Teil des Problems hat mit Denkgewohnheiten in Bezug auf Kolonisation, Denkgewohnheiten in Bezug auf Aggressionskriege und in Bezug auf das Bestreben, andere Völker zu versklaven, zu tun. Dieses Bestreben, ein anderes Volk zu versklaven, kann nicht ohne Schuld sein – auch nicht für kommende Generationen. Es wird Spuren hinterlassen, wenn ihm nicht begegnet wird.

Es wird Spuren hinterlassen, wie die verbreitete Neigung, ein Volk zu übersehen, es nicht als Volk anzusehen. All das Reden von der Ukraine als keiner richtigen Nation, als einem *failed state* oder als kulturell gespaltenem Land – all dieses Reden in deutscher Sprache ist nicht unschuldig. Das ist ein Erbe der Bestrebung, ein Volk zu kolonisieren, das nicht als Volk angesehen wird.

Urteile über die Ukraine, die das Land mit anderen Maßstäben messen, oder die Verwendung von Formulierungen wie der, dass es keine ukrainische Nation und keinen ukrainischen Staat gebe – wenn dies auf Deutsch gesagt wird, sind diese Worte nicht unschuldig.

Aus jüngster Erfahrung als Amerikaner kann ich sagen: Wenn man die Geschichte von Kolonisation und Sklaverei falsch versteht, kann sie zurückkehren. Und Deutschlands Geschichte mit der Ukraine ist gerade eine Geschichte von Kolonisation und Sklaverei.

Verantwortung übernehmen, um Deutschland zu helfen

Als ich im September 2016 in der Ukraine war, um über Babyn Jar zu sprechen, als ich vor Millionen ukrainischen Fernsehzuschauern stand und versuchte, über diese Dinge zu sprechen, war mein wesentlicher Punkt: Gedenkt Babyn Jars nicht wegen der Juden und Jüdinnen, gedenkt Babyn Jars wegen eurer selbst. Ihr gedenkt des Holocaustes, weil es Teil des Aufbaus einer verantwortlichen Gesellschaft und hoffentlich in Zukunft funktionierenden Demokratie in der Ukraine ist. Das gilt für die Ukraine. Aber das gilt auch für mich. Und das gilt für uns alle.

Der Zweck des Gedenkens an die deutsche Verantwortung für sechseinhalb Millionen Tote, hervorgerufen durch den deutschen Krieg gegen die Sowjetunion, ist nicht, der Ukraine zu helfen. Das ukrainische Volk ist sich dieser Verbrechen bewusst. Die Ukrainer und Ukrainerinnen leben damit, die Kinder, Enkel, Urenkel der unmittelbar betroffenen Generation leben bereits mit dem Erbe dieser Verbrechen.

Es geht vielmehr darum, Deutschland zu helfen – Deutschland als Demokratie gerade in diesem historischen Moment, mit den niedergehenden und immer weniger demokratischen Vereinigten Staaten von Amerika. Genau in diesem Moment kann Deutschland es sich nicht leisten, wichtige Teile seiner Geschichte falsch zu verstehen. Genau in diesem Moment muss Deutschland seine Wahrnehmung der Verantwortung vervollständigen.

Es hatte europäische Folgen, die Geschichte der Ukraine im Jahr 2013 und 2014 falsch zu verstehen. Die Geschichte der Ukraine heute falsch zu verstehen, während Deutschland die verbliebene führende Demokratie des Westens ist, wird internationale Folgen haben.

Dieser Text basiert auf einem Vortrag, den der Autor im Juni 2017 zum Thema „Deutschlands historische Verantwortung für die Ukraine" im Deutschen Bundestag gehalten hat. Der Text wurde für diesen Sammelband vom Autor aktualisiert.

KAPITEL 1

STALINISTISCHE REPRESSIONEN

Roter Hunger

von Anne Applebaum

Es fehlte nicht an Warnzeichen. Im beginnenden Frühjahr des Jahres 1932 begannen die Bauern und Bäuerinnen der Ukraine zu hungern. Berichte der Geheimpolizei und Briefe aus den Getreideanbaugebieten der ganzen Sowjetunion – dem Nordkaukasus, der Wolgaregion, Westsibirien – erwähnten Kinder mit vor Hunger geschwollenen Bäuchen und Familien, die Gras und Eicheln aßen. Im März 1932 fand eine Ärztekommission in einem Dorf bei Odesa Leichen auf der Straße. Niemand hatte die Kraft, sie zu begraben. In einem anderen Dorf versuchten die örtlichen Behörden, die Todesfälle vor Außenstehenden zu verbergen. Sie leugneten, was geschah, obwohl es sich vor den Augen ihrer Besucher abspielte.

Manche schrieben direkt an den Kreml und baten um eine Erklärung:

> Werter Genosse Stalin, gibt es ein Gesetz der Sowjetregierung, das besagt, Dorfbewohner müssten hungern? Wir, die Kolchosarbeiter, haben nämlich seit dem 1. Januar auf unserem Hof kein Stück Brot mehr gehabt. … Wie sollen wir eine sozialistische Volkswirtschaft aufbauen, wenn wir zum Hungertod verurteilt sind, weil die Ernte erst in vier Monaten kommt? Wofür sind wir an den Fronten gestorben? Damit wir hungern und unseren Kindern beim Verhungern zusehen?

Andere hielten es für unmöglich, dass der Sowjetstaat dafür verantwortlich sein könne:

> Jeden Tag verhungern zehn bis zwanzig Familien in den Dörfern, Kinder laufen weg, und Bahnhöfe sind überfüllt mit fliehenden Dorfbewohnern. Auf dem Land gibt es keine Pferde und kein Vieh mehr. … Die Bourgeoisie hat hier eine echte Hungersnot geschaffen als Teil des kapitalistischen Plans, die ganze Bauernklasse gegen die Sowjetregierung aufzuhetzen.

Doch die Hungersnot war kein Werk der Bourgeoisie, sondern eine Folge der katastrophalen Entscheidung der sowjetischen Führung, die bäuerliche Bevölkerung zur Aufgabe ihres Landes zu zwingen, sie zur Arbeit auf Kolchosen zu verpflichten und die Wohlhabenderen, die sogenannten Kulaken (wörtlich: „Fäuste"), aus ihren Häusern zu vertreiben. All diese Maßnahmen, für die letztlich Josef Stalin, der Generalsekretär der KPdSU, verantwortlich war, und das daraus folgende Chaos hatten das Land in eine Hungersnot getrieben. Das ganze Frühjahr und den Sommer 1932 hindurch schickten viele seiner Genossen aus allen Teilen der UdSSR eindringliche Botschaften an ihn, in denen sie die Krise beschrieben. Ukrainische KP-Führer waren besonders verzweifelt, und mehrere schrieben ihm lange Briefe, in denen sie um Hilfe baten.

Viele von ihnen glaubten im Spätsommer 1932 noch an die Möglichkeit, eine größere Tragödie abwenden zu können. Das Regime hätte um internationale

Hilfe bitten können wie bei der Hungersnot 1921. Es hätte die Getreideexporte oder die zu hohen Getreideabgaben stoppen können. Es hätte der Bevölkerung in Hungerregionen Hilfe anbieten können – und das tat es in gewissem Maße auch, aber viel zu wenig.

Stattdessen fasste das sowjetische Politbüro, das höchste Entscheidungsgremium der Kommunistischen Partei, im Herbst 1932 eine Reihe von Beschlüssen, die die Hungersnot in den ländlichen Regionen der Ukraine ausweiteten und verschärften. Zugleich hinderte man Bauernfamilien daran, die Republik zu verlassen, um Lebensmittel zu suchen. Auf dem Höhepunkt der Krise durchsuchten Teams aus Polizisten und Parteiaktivisten, getrieben von Hunger und Angst und angestachelt von jahrelanger Hasspropaganda und Verschwörungsrhetorik, die Häuser der Bauern und nahmen alles Essbare mit: Kartoffeln, Rüben, Kürbisse, Bohnen, Erbsen, was immer in Backöfen und Schränken lag, dazu Vieh und Haustiere.

Das Ergebnis war eine Katastrophe: Mindestens fünf Millionen Menschen verhungerten in der ganzen Sowjetunion zwischen 1931 und 1934, darunter mehr als 3,9 Millionen Ukrainer und Ukrainerinnen. Wegen ihres Ausmaßes wurde die Hungernot von 1932/33 in Emigrantenpublikationen damals und später als „Holodomor" bezeichnet, eine Zusammensetzung der ukrainischen Wörter *holod* (Hunger) und *mor* (Tötung, Mord).

Doch die Hungersnot ist nur ein Teil der Geschichte. Während auf dem Land die Bauernbevölkerung starb, attackierte die Geheimpolizei die geistigen und politischen Eliten der Ukraine. Als die Hungersnot sich ausbreitete, begann eine Hetz- und Repressionskampagne gegen ukrainische Intellektuelle, Professoren, Museumskuratoren, Schriftsteller, Künstler, Priester, Theologen, Beamte und Funktionäre. Alle, die mit der Ukrainischen Volksrepublik verbunden gewesen waren, die vom Juni 1917 an einige Monate lang existiert hatte, alle, die für die ukrainische Sprache oder Geschichte eingetreten waren, alle mit einer unabhängigen literarischen oder künstlerischen Karriere konnten öffentlich beleidigt, eingesperrt, ins Arbeitslager geschickt oder hingerichtet werden. Als er diese Vorgänge nicht mehr mit ansehen konnte, nahm sich Mykola Skrypnyk, einer der bekanntesten ukrainischen KP-Führer, 1933 das Leben. Er war nicht der Einzige.

Aus diesen beiden Strategien – dem Holodomor im Winter und Frühjahr 1932/33 und der Unterdrückung der intellektuellen und politischen Klasse der Ukraine in den Monaten danach – resultierte die Sowjetisierung der Ukraine, die Zerstörung des ukrainischen Nationalbewusstseins und die Zerschlagung jeder ukrainischen Infragestellung der sowjetischen Einheit. Der polnisch-jüdische Jurist Raphael Lemkin, der den Ausdruck „Genozid" prägte, nannte die Ukraine dieser Epoche ein „klassisches Beispiel" für seinen Begriff: „Es ist ein Fall von Genozid, von Vernichtung, nicht nur von Einzelnen, sondern von einer Kultur und einer Nation." Schon bald ist dann der Begriff „Genozid" allerdings in einem engeren, legalistischeren Sinne verwendet worden. Er hat sich auch zu einem kontroversen Schlüsselbegriff entwickelt, den Russen ebenso wie Ukrainer als auch verschiedene Gruppen innerhalb der Ukraine politisch instrumentalisieren.

Was genau geschah in der Ukraine zwischen 1917 und 1934, speziell im Herbst, Winter und Frühjahr 1932/1933? Welche Kette von Ereignissen und welche Mentalität führten zur Hungersnot? Wer trug die Verantwortung? Welche Stelle nimmt diese schreckliche Episode in der Geschichte der Ukraine und der ukrainischen Nationalbewegung ein?

Fast ebenso wichtig ist die Frage, was danach geschah. Die Sowjetisierung der Ukraine begann nicht mit der Hungersnot und endete nicht damit. Festnahmen ukrainischer Intellektueller und führender Politiker wurden in den 1930er-Jahren fortgesetzt. Über ein halbes Jahrhundert lang gingen die Sowjetführer brutal gegen den ukrainischen Nationalismus vor, in welcher Form er auch immer auftrat, ob als Aufstand nach dem Zweiten Weltkrieg oder als Opposition in den 1980er-Jahren. Während dieser ganzen Zeit trat die Sowjetisierung häufig im Gewand der Russifizierung auf. Die ukrainische Sprache wurde verdrängt, ukrainische Geschichte nicht gelehrt.

Vor allem wurde die Geschichte der Hungersnot von 1932/1933 nicht gelehrt. Stattdessen leugnete die UdSSR von 1933 bis 1991 einfach, dass es überhaupt eine Hungersnot gegeben habe. Der Sowjetstaat zerstörte lokale Archive, stellte sicher, dass Totenscheine keine Unterernährung erwähnten, und fälschte sogar öffentlich zugängliche Volkszählungsdaten, um die Ereignisse zu verschleiern. Solange die UdSSR existierte, war es nicht möglich, eine umfassend dokumentierte Geschichte der Hungersnot und der damit einhergehenden Repressionen zu schreiben.

Doch 1991 wurde Stalins schlimmste Befürchtung Wirklichkeit. Die Ukraine erklärte sich für unabhängig. Die Sowjetunion zerfiel, teilweise als Folge des ukrainischen Wunsches, sie zu verlassen. Zum ersten Mal in der Geschichte entstand eine souveräne Ukraine und dazu eine neue Generation ukrainischer Historikerinnen und Historiker, Archivare, Journalisten und Verleger. Dank ihrer Bemühungen kann nun die vollständige Geschichte der Hungersnot 1932/33 erzählt werden.

In den frühen 1980er-Jahren fasste Robert Conquest alles damals zugängliche Material über die Hungersnot zusammen. Sein Buch „Harvest of Sorrow" von 1986 gilt immer noch als Meilenstein in der Literatur über die Sowjetunion. Doch in den drei Jahrzehnten seit dem Ende der UdSSR und der Entstehung einer souveränen Ukraine haben mehrere groß angelegte nationale Kampagnen zur Sammlung von Zeugnissen der Oral History und von Erinnerungen Tausende neuer Berichte aus dem ganzen Land erbracht. Im selben Zeitraum sind die Archive in Kyjiw und anderen ukrainischen Städten zugänglich geworden, während es in Moskau weiterhin große Einschränkungen für Forschungsinitiativen gibt; der Anteil des der Öffentlichkeit freigegebenen Materials ist in der Ukraine einer der höchsten in Europa. Die ukrainische Regierung unterstützt die Wissenschaft finanziell, um Dokumentensammlungen zu veröffentlichen. Anerkannte Historiker und Historikerinnen der Hungersnot und der stalinistischen Epoche in der Ukraine haben zahlreiche Bücher und Aufsätze veröffentlicht, darunter Sammlungen von Dokumenten und Zeitzeugenberichten. Oleh Wolowyna und ein Team von Demografen haben endlich mit der schwierigen Arbeit begonnen, die Zahl der Opfer zu bestimmen. Das Harvard Ukrainian Research Institute hat mit vielen dieser Forscher zusammengearbeitet, um ihre Arbeit zu veröffentlichen und zu verbreiten. Das Holodomor Research and Education Consortium in Toronto unter der Leitung von Marta Basiuk und seine

Partnerorganisation in der Ukraine unter der Leitung von Ljudmyla Hrynewytsch unterstützen auch weiterhin neue Forschungen. Serhii Plokhii und sein Team in Harvard haben sich der ungewöhnlichen Herausforderung gestellt, eine Landkarte der Hungersnot zu erstellen, um ihren Ablauf besser zu verstehen.

Wäre mein Buch „Roter Hunger" (2017) in einer anderen Zeit geschrieben worden, könnte dieser Text zu einem komplexen Thema vielleicht hier enden. Weil aber die Hungersnot die ukrainische Nationalbewegung zerstörte, weil diese Bewegung 1991 erneuert wurde und weil die Führung des heutigen Russlands immer noch die Legitimität des ukrainischen Staates infrage stellt, will ich hier erwähnen, dass ich die Notwendigkeit einer neuen Geschichte der Hungersnot zuerst 2010 mit Kollegen und Kolleginnen am Harvard Ukrainian Research Institute diskutiert habe. Wiktor Janukowytsch war gerade mit russischer Unterstützung zum ukrainischen Präsidenten gewählt worden. Damals zog die Ukraine wenig politische Aufmerksamkeit aus dem Rest Europas auf sich und tauchte kaum in der Presse auf. Damit gab es keinen Grund zur Annahme, eine neue Untersuchung von 1932/33 lasse sich als politische Aussage irgendeiner Art interpretieren.

Die Maidan-Revolution von 2014, Janukowytschs Entscheidung, auf Protestierende schießen zu lassen und dann aus dem Land zu fliehen, die russische Invasion und Annexion der Krim, die russische Invasion in die Ostukraine und die damit einhergehende russische Propagandakampagne rückten die Ukraine unerwarteterweise ins Zentrum der internationalen Politik. Meine Forschungen über die Ukraine wurde von den dortigen Vorgängen sogar aufgehalten, zum einen, weil ich über dieses Thema schrieb, zum anderen, weil meine ukrainischen Kollegen und Kolleginnen so stark ins aktuelle Geschehen involviert waren. Obwohl die Ereignisse jenes Jahres aber die Ukraine ins Zentrum der Weltpolitik rückten, wurde mein Buch nicht als Reaktion darauf geschrieben. Ebenso wenig nimmt mein Buch zum Holodomor Partei für oder gegen bestimmte ukrainische Politiker oder Parteien oder reagiert auf das heutige Geschehen in der Ukraine. Ich versuche vielmehr, die Geschichte der Hungersnot mithilfe neuer Archivunterlagen, neuer Augenzeugenberichte und neuer Forschungsergebnisse zu erzählen und die Arbeit bedeutender Historiker und Historikerinnen zusammenzuführen.

Das bedeutet nicht, dass diese ukrainische Revolution, die frühen Jahre der Sowjetukraine, die massenhafte Unterdrückung der ukrainischen Elite wie auch der Holodomor keine Beziehung zu aktuellen Ereignissen hätten. Ganz im Gegenteil, sie sind die entscheidende Vorgeschichte, die ihnen zugrunde liegt und sie erklärt. Die Hungersnot und ihre Hinterlassenschaft spielten eine gewaltige Rolle in aktuellen russischen und ukrainischen Diskussionen über die gemeinsamen sowjetischen Erfahrungen. Bevor man aber diese Diskussionen beschreibt oder bewertet, ist es wichtig, zunächst zu begreifen, was eigentlich geschah.

Dieser Text ist eine gekürzte Fassung des Vorworts aus: Anne Applebaum: „Roter Hunger – Stalins Krieg gegen die Ukraine", © 2019 Siedler Verlag, München, in der Verlagsgruppe Random House GmbH. Abdruck mit freundlicher Genehmigung.

Holodomor: Geschichte und Bedeutung der großen Hungersnot[1]

von Serhii Plokhii

„In fast jedem Dorf war der Brotvorrat zwei Monate zuvor erschöpft, die Kartoffeln waren nahezu verbraucht, und es gab nicht genug Rüben, die früher an das Vieh verfüttert wurden, jetzt aber zu einem Grundnahrungsmittel der Bevölkerung geworden sind, um bis zur nächsten Ernte durchzuhalten", schreibt Gareth Jones, ein walisischer Journalist und die Hauptfigur in Agnieszka Hollands Film „Mr. Jones", im März 1933 an den Herausgeber des *Manchester Guardian*. Er beschreibt, was er ein paar Wochen zuvor in der ländlichen Ukraine gesehen hat. Er fährt fort: „Eine Phrase wurde wiederholt, bis ich eine traurige Eintönigkeit im Kopf hatte, und das war: ‚Vse opukhli' („Alle sind vom Hunger geschwollen"), und bei jedem Gespräch prägte sich mir ein Wort ins Gedächtnis. Dieses Wort war ‚holod', was Hunger oder Hungersnot bedeutet. Ich werde auch nicht die geschwollenen Mägen der Kinder in den Hütten vergessen, in denen ich schlief."

Walter Duranty, ein mit dem Pulitzerpreis ausgezeichneter Reporter der New York Times und der Antagonist von Mr. Jones in Hollands Film, greift ihn in einem seiner Artikel an und behauptet, dass Jones, der Anfang 1933 in die Ukraine gereist ist, in seinen Berichten „einen eher unangemessenen Querschnitt eines großen Landes" darstellt. Duranty gibt zwar „Nahrungsmittelknappheit" zu, aber keine Hungersnot. In der Tat war die Nahrungsmittelknappheit ein unionsweites Phänomen, die Hungersnot jedoch nicht. Sie traf vor allem, aber nicht ausschließlich, die Getreide produzierenden Gebiete der Sowjetunion, einschließlich der Unteren Wolgaregion mit ihrer russischen Mehrheit und der deutschen Minderheit, die am meisten litt, und des Kubangebietes im Nordkaukasus, das weitgehend von Menschen ukrainischer Nationalität besiedelt war. Die Ukraine war jedoch am härtesten betroffen, die Zahl der Todesopfer erreichte dort vier Millionen Menschen, mehr als die Hälfte derer, die in der Sowjetunion in dieser Zeit verhungerten.

In der Ukraine ist die Hungersnot von 1932/1933 heute als Holodomor oder „Hungertod" bekannt. Die unmittelbare Ursache der Hungersnot war Stalins Bestreben, die Kontrolle über den Agrarsektor der Sowjetunion zu erlangen, um seine ehrgeizigen Industrialisierungs- und Militarisierungspläne zu finanzieren. Dies bedeutete, dass Millionen in der Landwirtschaft tätige Personen in die Kolchosen gezwungen werden mussten. Die Ukraine, die sprichwörtliche „Kornkammer Europas", wurde vom Regime besonders hart behandelt, da sie für die Erfüllung der Wirtschaftspläne Moskaus von entscheidender Bedeutung war. Mitte 1932 waren 70 Prozent der ukrainischen Haushalte kollektiviert, im Gegensatz zu

---

[1] Dieser Text stützt sich auf die früheren Arbeiten des Autors zu diesem Thema, insbesondere „The price of truth: The story behind Agnieszka Holland's ‚Mr. Jones'", Ukrainian Weekly, August 7, 2020, und „Mapping the Great Famine" in „The Future of the Past: New Perspectives on Ukrainian History" (Cambridge, MA, 2016), S. 375–405.

durchschnittlich 60 Prozent in der gesamten Sowjetunion. Die Republik, die 27 Prozent des sowjetischen Getreides produzierte, war nun für 38 Prozent aller Getreidelieferungen an den Staat verantwortlich.

Als im Frühjahr 1930 der Widerstand gegen die Kollektivierung wuchs, entwickelte sich die Ukraine zu einem Brennpunkt der Bauernaufstände. Angesichts dieser neuen Form des bäuerlichen Widerstands weigerten sich Stalin und seine Helfer, ihre Niederlage einzugestehen, und beschuldigten die bäuerliche Bevölkerung der Sabotage und des Versuchs, die Städte auszuhungern und die Industrialisierung zu untergraben. Die Behörden erklärten, dass die Bauernbevölkerung Getreide verstecke und setzten die Polizei ein, um die „Unruhestifter" zu vertreiben und den Rest der Bauern in die Kolchosen zu zwingen.

Stalin nutzte die Krise, um das, was er für den ukrainischen Nationalismus hielt, zu zerschlagen. Stalin war der Ansicht, dass die kulturelle Anpassung der ukrainischen Bevölkerung an das Regime in den frühen Jahren der Sowjetunion ihren Widerstand eher gestärkt als geschwächt habe. Das war ein Fehler, den er zu korrigieren suchte. Am 14. Dezember 1932 unterzeichnete er einen Beschluss mit dem Titel „Über die Getreidebeschaffung in der Ukraine, im Nordkaukasus und in der Westregion". Der Beschluss zielte darauf ab, die Parteikader zu mobilisieren, weiterhin Getreide vom Land zu gewinnen, damit es unter anderem ins Ausland verkauft werden konnte, um die sowjetische Industrialisierung zu finanzieren. Die sowjetische Führung verlangte, dass ihre Untergebenen in der Ukraine und im Nordkaukasus – zwei der drei wichtigsten Getreide produzierenden Gebiete der UdSSR – die Getreidebeschaffungspläne für 1932 bis Januar/Februar 1933 erfüllen sollten.

Der Beschluss vom 14. Dezember betraf auch die Kulturpolitik. Alle namentlich aufgeführten „Saboteure" waren sowjetische Kader aus der Ukraine. Die Bevölkerung des Dorfes Poltawskaja im Kubangebiet, die zum Exil in den sowjetischen Norden verurteilt worden war, war zufällig überwiegend ukrainischer Nationalität. Der Beschluss ordnete an, dass örtliche Amtsträger im Kuban die Sprache ihrer offiziellen Korrespondenz und des öffentlichen Bildungswesens unverzüglich von Ukrainisch auf Russisch umstellen und die Herausgabe von Zeitungen und Zeitschriften in ukrainischer Sprache einzustellen hatten. In der Ukraine verlangte der Beschluss von der Führung der Republik eine strenge Kontrolle der „Ukrainisierungspolitik", die in den 1920er-Jahren zur Förderung der Entwicklung der ukrainischen Kultur sowie zur Säuberung von „Nationalisten und Agenten" ausländischer Mächte eingeführt worden war. Hunderte von ukrainischen Partei- und Kulturkadern wurden entlassen, verhaftet und ins Exil geschickt, während einige der wichtigsten Förderer der Ukrainisierungspolitik, wie der Volkskommissar für Bildung Mykola Skrypnyk und der führende kommunistische Schriftsteller der Ukraine Mykola Chwylowyj, Selbstmord begingen.

Angeführt von Moskauer Bevollmächtigten und terrorisiert von Stalins Geheimpolizei, nahmen die örtlichen Behörden der hungernden und in vielen Fällen sterbenden Landbevölkerung alles, was sie konnten. Die Behörden bestraften die Dörfer, die ihre Quoten nicht erfüllten, indem sie die Versorgung mit grundlegenden Gütern, darunter Streichhölzer und Kerosin, unterbrachen und nicht nur Getreide, sondern auch Vieh und alles andere, was als Nahrungsmittel dienen konnte, beschlagnahmten. Im Januar desselben Jahres wurden die ersten Fälle von Massensterben durch Verhungern verzeichnet. Besonders hart betroffen waren die Regionen der Zentralukraine, die sich von der Hungersnot von 1932 noch nicht erholt hatten. Dort starben die Bauern häufiger als anderswo, die meisten von ihnen zwischen März und Juni 1933.

Auch in anderen Getreide produzierenden Gebieten der UdSSR kam es zu einer Hungersnot, aber im Gegensatz zu Russland war die Hungersnot in der Ukraine nicht auf die Getreide produzierenden Regionen beschränkt. Die Auswirkungen des Holodomors erstreckten sich auf Teile des Landes, die nie als Teil der sagenumwobenen ukrainischen „Kornkammer" betrachtet wurden. Dazu gehörten die Regionen Charkiw und Kyjiw in der ukrainischen Waldsteppenzone. Mehr als die Hälfte der geschätzten vier Millionen den Hungertod gestorbenen Ukrainer und Ukrainerinnen kam in Regionen ums Leben, die nicht zu den Getreide produzierenden landwirtschaftlichen Kerngebieten des Landes gehörten. Diese Gebiete litten nur deshalb so stark, weil sie Teil der Ukraine waren, die in administrativer, kultureller und politischer Hinsicht von Moskau als eine Einheit behandelt wurde.

Die Hungersnot hat die ukrainische Gesellschaft und Kultur dramatisch verändert und tiefe Narben im nationalen Gedächtnis hinterlassen. Da das Sowjetregime sich weigerte, die Existenz der Hungersnot zuzugeben, wurde über ihre Anerkennung in den letzten Jahrzehnten des Kalten Krieges heftig gestritten. Seit Ende der Sowjetunion entstand eine umfangreiche Literatur zu diesem Thema, die zahlreiche Debatten in der Ukraine und darüber hinaus auslöste. Seit dem Zusammenbruch der Sowjetunion dreht sich die Diskussion um die Frage, ob der Holodomor als ein Akt des Völkermords an der ukrainischen Nation zu betrachten sei. Diese Definition wurde der Hungersnot und dem damit einhergehenden Angriff auf die ukrainische Kultur von keinem Geringeren als Raphael Lemkin gegeben, dem Anwalt, der den Begriff „Völkermord" geprägt hat. Genau als solchen erklärte das ukrainische Parlament im November 2006 den Holodomor. Eine Reihe von Parlamenten und Regierungen auf der ganzen Welt verabschiedeten ähnliche Resolutionen, während die russische Regierung eine internationale Kampagne startete, um die Forderung der Ukraine zu untergraben.

Die politische Kontroverse und die wissenschaftliche Debatte über die Art der ukrainischen Hungersnot dauern bis heute an und drehen sich weitgehend um die Definition des Begriffs „Völkermord". Es zeichnet sich jedoch ein breiter Konsens über einige der entscheidenden Fakten und Interpretationen der Hungersnot von 1932/1933 ab. Die meisten Wissenschaftler sind sich einig, dass es sich tatsächlich um ein von Menschen verursachtes Phänomen handelte, das durch die offizielle Politik verursacht wurde. Während die Hungersnot auch den Nordkaukasus, die Untere Wolgaregion und Kasachstan betraf, war sie nur in der Ukraine das Ergebnis einer Politik, die eine klare ethnonationale Färbung hatte und nicht nur auf die Bauernschaft, sondern auch auf die neue politische Klasse und die kulturelle Elite abzielte. Das Regime war nicht nur hinter dem ukrainischen Getreide her, sondern hatte auch die ukrainische Kultur und letztlich die ukrainische Identität selbst im Visier.

Aus dem Ukrainischen von Olena Bykovets.

Die hingerichtete Renaissance und Stalins Kampf gegen die ukrainische Intelligenzija

von Volodymyr Yermolenko

Für den 13. Mai 1933 um 11 Uhr lud Mykola Chwylowyj, einer der wichtigsten ukrainischen sowjetischen Schriftsteller, seine Autorenkollegen Mykola Kulisch und Oles Dosvitnyi in sein Apartment ein. Gemeinsam mit seiner Frau Julia Umantsewa wollten sie die Verhaftung seines Freundes, des Schriftstellers Mykhajlo Jalowyj, diskutieren. Jalowyjs Festnahme war nicht die erste gewesen, Verhaftungen anderer ukrainischer Schriftsteller waren ihr vorausgegangen. Die repressive sowjetische Obrigkeit war entschlossen, die ukrainische Intelligenzija in der Sowjetunion auszulöschen – diese galt als zu freidenkerisch, um wirklich „sowjetisch" zu sein.

Bei dem Treffen sprach Chwylowyj mit seinen Gästen wahrscheinlich auch darüber, was er auf seinen Fahrten durch die Dörfer in der nahe gelegenen Region Poltawa gesehen hatte: die Folgen der Hungersnot (Holodomor), die das Stalinregime gegen ukrainische Bauern organisierte und die in den Jahren 1932/1933 etwa vier Millionen Todesopfer forderte.

Irgendwann ließ Chwylowyj seine Gäste allein und ging in ein anderes Zimmer. Dort blieb er eine ganze Weile. Er schrieb etwas auf zwei Stück Papier.

Dann erschoss er sich.

„Jalowyjs Verhaftung ist eine Hinrichtung der gesamten Generation" – das waren seine letzten Worte.

Chwylowyj hatte recht. Nach seinem Selbstmord wurden die meisten seiner Schriftstellerkollegen verhaftet, so auch Kulisch und Dosvitnyi, die am Morgen des 13. Mai in seinem Apartment gewesen waren. Viele von ihnen wurden 1937 in Gulags hingerichtet.

Chwylowyj erschoss sich im Haus „Slowo" („Wort"), das speziell für die ukrainischen sowjetischen Schriftsteller in Charkiw erbaut worden war. Das Gebäude wurde 1930 in der Form des Buchstaben C errichtet (des ersten Buchstabens des Wortes слово, „Wort") und war als „Kooperative" das Zuhause mehrerer Dutzend ukrainisch-sowjetischer Schriftsteller. Es steht immer noch in der vul. kultury 9 in Charkiw, aber nur wenig erinnert noch an seine dramatische Geschichte – lediglich eine Gedenktafel an einer der Wände. Bewohner von etwa 40 der 66 Apartments im Haus Slowo wurden Opfer stalinistischer Repressionen.

Die „Generation", von der Chwylowyj sprach, wurde später die „hingerichtete Renaissance" genannt – oder „hingerichtete Regeneration" – ein Ausdruck, den der polnische Intellektuelle Jerzy Giedroyc in den 1950er-Jahren erfand, der Herausgeber der in Paris erscheinenden polnischen Exilzeitschrift „kultura". Der ukrainische Literaturhistoriker Jurij Lawrinenko verwendete den Ausdruck als Titel einer Anthologie, die 1959 von Giedroycs *Instytut Literacki* in Paris herausgegeben wurde.

Der Ausdruck war eine äußerst treffende Metapher, die beschreibt, dass die kulturelle Renaissance der Ukraine der 1920er-Jahre brutal vernichtet wurde: Der Großteil ihrer Vertreter wurde in die Lager geschickt und getötet und die Zukunft der Ukraine amputiert.

In dem Ausdruck schwingt aber auch das Vermächtnis Mykola Chwylowyjs selbst mit, für den das Wort „Renaissance" eine tiefe, in der Geschichte der europäischen Kultur verwurzelte Bedeutung hatte.

—

Acht Jahre vor seinem Selbstmord hatte Chwylowyj 1925 einen Essayband mit dem Titel „Quo Vadis?" (*Камо Грядеши?*) herausgebracht. In einem dieser Essays schrieb er, dass die junge proletarische Kultur in der sowjetischen Ukraine etwas Großes für Europa als Ganzes bedeute. Westeuropa habe seine Renaissance im 15. und 16. Jahrhundert gehabt; nun laufe ein ähnlicher Prozess in Osteuropa ab, so Chwylowyj. Diesen Prozess nannte er eine „asiatische Renaissance". Gemeint war, dass in der europäischen Kultur entwickelte Werte nun in den Osten expandierten. Sie würden die östlichen Grenzen Europas durchbrechen und das europäische kulturelle Erbe nach „Asien" bringen. Die Ukraine werde dann unter den „Türen" sein, durch die sich das kulturelle Europa nach Osten bewegen werde.

Mit dem Konzept der „asiatischen Renaissance" bemühte sich Chwylowyj, sowohl ukrainische als auch europäische kulturelle Traditionen neu zu überdenken. Er stellte die ukrainische Kultur als wesentlich weniger provinziell dar, als das sowjetische Dogma es verlangte. Er versuchte, die linksgerichtete ukrainische Literatur der 1920er-Jahre in den globalen Phänomenen der europäischen intellektuellen und kulturellen Geschichte zu verankern, vor allem im Konzept der „Renaissance" im Europa des 15. und 16. Jahrhunderts.

Gleichzeitig dachte er über die dynamische Kapazität der europäischen Kultur selbst nach. Er nahm wirklich an, dass die sowjetische Kultur der 1920er-Jahre auf etwas Frisches und Neues für den europäischen Kontext als Ganzes schließen lasse. Die proletarische Revolution gäbe auch Europa eine neue Chance, so glaubte er, und die Ukraine werde eine besondere Rolle spielen, gerade weil ihre Kultur früher wiederholt ausgemerzt worden war. Während unterschiedlicher Epochen ihrer neueren Geschichte hatte die Ukraine hatte ihre Aristokratie verloren, die von polnischen oder russischen Staaten assimiliert worden war; sie hatte kaum eine eigene Bourgeoisie – und Chwylowyj versuchte, diese riesigen Probleme in Vorteile umzuwandeln. Gerade weil die Ukraine – sogar im Gegensatz zu Russland – keine aristokratische Vergangenheit und bürgerliche

Gegenwart habe, könne sie einer wirklichen „Bottom-up-Kultur" das Wort erteilen, einer proletarischen Kultur, die in der Lage sein würde, etwas radikal Neues zu erschaffen, dachte er.

Diese Sichtweise auf die sowjetische Revolution in einem globalen Kontext, als Fortsetzung einer großen europäischen Tradition und nicht als Opposition dazu, war etwas, das dem sowjetischen politischen und kulturellen Projekt viel mehr Menschlichkeit hätte verleihen können – obwohl sich seine grausamen Seiten schon lange vor dem Stalinismus zeigten und die Ukrainer das sehr gut wussten.

Nachdem jedoch Stalin in der Sowjetunion die Macht übernommen hatte, nachdem er 1929 seine „Große Wende" angekündigt hatte, konnten Träume von einer humanistischen proletarischen Kultur nicht ernst genommen werden. Der Konflikt zwischen der Generation Chwylowyjs und dem Stalinismus war unumgänglich: Ihr Weltbild und ihre Werte waren restlos verschieden. Chwylowyj träumte davon, dass europäische Werte sich in Richtung Osten bewegten, Stalin träumte davon, dass sich totalitäre sowjetische Werte in Richtung Westen bewegten.

Der Schuss am 13. Mai 1933 im Haus „Slowo" in Charkiw war nicht nur eine persönliche Tragödie eines ukrainischen sowjetischen Schriftstellers. Er bedeutete mehr als die „Hinrichtung der gesamten Generation", wie Chwylowyj es beschrieb. Denn es war einer der Momente, an denen sich zeigte, dass die Sowjetunion nicht die Fortsetzung eines humanistischen Europas war, sondern dessen schärfster Gegner, sein dunkler, dämonischer Schatten, der eines Tages in der Lage sein würde, Europa selbst zu absorbieren – oder zumindest einen Teil davon. Sehr bald, schon 1939, und darüber hinaus nach 1945 erlebte Europa, wie ein totalitärer Osten sich in Richtung Westen bewegte.

In seiner Debatte der 1920er-Jahre hatte Chwylowyj einen ungewöhnlichen Verbündeten: Mykola Serow. Serow war kein „proletarischer" Schriftsteller (er stammte aus einer Lehrerfamilie) und kein politischer Essayist. Er war Altphilologe und ein beliebter Universitätsprofessor, Historiker der ukrainischen Literatur, Dichter und Übersetzer antiker römischer und moderner europäischer Literatur. Er war außerdem einer der bedeutendsten Vertreter der „neoklassischen Strömung" in der ukrainischen Dichtung.

1926 schrieb Serow ein Essay, in dem er Chwylowyjs Argument unterstützte, „Die eurasische Renaissance und die Kiefern von Poschechonje", und führte damit das Konzept einer „eurasischen Renaissance" ein – kulturell und historisch zutreffender als Chwylowyjs Begriff „asiatische Renaissance". Seine Argumentation war allerdings der Chwylowyjs sehr ähnlich: „Lassen Sie uns das alte Europa nicht meiden, nicht das bürgerliche Europa und nicht einmal das feudale", schrieb Serow und deutete an, dass die junge proletarische Kultur „ex nihilo" das große europäische Erbe nicht vernachlässigen solle – auch wenn sie dieses als ideologisch fremd erachte.

Mykola Serow wurde im April 1935 verhaftet. Im November 1937 wurde er in Sandarmoch, einem Gulag in Karelien, hingerichtet, 1500 Kilometer nördlich seiner

Heimatstadt Kyjiw, zusammen mit Tausenden anderer Gefangener, darunter einigen Dutzend Vertretern der ukrainischen Intelligenzija. Sogar im Lager übersetzte er noch Vergils „Aeneis" aus dem Lateinischen ins Ukrainische.

Die meisten der in den 1930er-Jahren verhafteten ukrainischen Schriftsteller wurden – man stelle sich vor! – wegen Terrorismus verurteilt. Das Übersetzen Vergils aus dem Lateinischen, die Aufführung von Theaterstücken oder die Reform der ukrainischen Sprache wurden von der damaligen sowjetischen Repressionsmaschinerie als „Terrorismus" angesehen.

Gegen Chwylowyjs Freunde, den Dramatiker Mykola Kulisch (der beim Selbstmord Chwylowyjs in dessen Apartment zugegen war) und den Theaterregisseur Les Kurbas, wurden besonders zynische Anschuldigungen erhoben. Die OGPU (die Vereinigte staatliche politische Verwaltung) beschuldigte Kurbas, den prominenten Gründer und Regisseur des modernen ukrainischen Theaters Berezil, er habe zur Premiere eines Stückes von Mykola Kulisch einen terroristischen Anschlag auf die Führer der Kommunistischen Partei geplant. Durch Folter und Einschüchterung brachten die Machthaber Menschen dazu, fantastische Geschichten über Komplotte zu erfinden. Autoren und Dramatiker wurden zu radikalen Extremisten erklärt, die mit Waffen und Sprengstoff umgehen konnten. Kulisch und Kurbas wurden am selben Tag im November 1937 in Sandarmoch hingerichtet wie Mykola Serow.

Die Tragödie der 1930er-Jahre war weder der Anfang noch das Ende der Geschichte.

Andere Repressionen gingen ihr voraus. Vor 1933 stand das Jahr 1930, mit dem inszenierten Prozess gegen die SVU, die Union für die Befreiung der Ukraine. In dem Prozess wurden jene Schriftsteller und Künstler angegriffen, die mit der ukrainischen Unabhängigkeit von 1917–1921 in Zusammenhang standen. Einige der späteren Repräsentanten der „hingerichteten Renaissance" – wie Oleksa Slisarenko – nahmen tatsächlich aufseiten der Anklage am SVU-Prozess teil. Wie es zu Stalins Zeiten oft geschah, wurden die Ankläger bald selbst zu Opfern (auch Slisarenko wurde im November 1937 in Sandarmoch getötet).

Aber das war noch nicht das Ende. Im Holodomor kamen etwa vier Millionen ukrainische Bauern ums Leben. In den Jahren 1932 bis 1937 wurde, wie oben erläutert, die Mehrheit der frei denkenden linksgerichteten Intelligenzija der Ukraine verhaftet und hingerichtet. In den 1930er-Jahren begann auch ein langer Prozess des „Linguizids", durch den die ukrainische Sprache, obwohl formal „erlaubt" (im Gegensatz zum Russischen Reich des späten 19. Jahrhunderts), künstlich der russischen Sprache angenähert wurde – zum Beispiel durch Wörterbücher, in denen echte ukrainische Wörter unterdrückt oder als veraltet oder mundartlich markiert wurden und in denen das erste „ukrainische" Wort, das als Übersetzung eines russischen Wortes vorgeschlagen wurde, in der Regel eine künstliche Kopie des Letzteren war.

Repressionen hielten aber auch das gesamte 20. Jahrhundert hindurch an, besonders nach der kurzlebigen „Tauwetterperiode" unter Nikita Chruschtschow.

Einige ukrainische Künstler und Künstlerinnen wurden getötet (wie die Malerin Alla Horska) oder schwer misshandelt, was zu ihrem Tod führte (wie der Dichter Wassyl Symonenko). Andere wurden in die Lager geschickt – wie Wassyl Stus, Wjatscheslaw Tschornowil, Mykola Rudenko, Jewhen Swerstjuk, Myroslaw Marynowytsch, Wassyl Lissowyj, Iwan Switlytschnyj und Dutzende andere mehr. Wieder andere wurden für „psychisch krank" erklärt, wie Leonid Pljuschtsch oder wegen Homosexualität vor Gericht gestellt, wie der weltbekannte Filmregisseur Sergej Paradschanow.

Das Studium der Geschichten der ukrainischen literarischen Renaissance der 1920er-Jahre, und deren „Hinrichtung" in den 1930ern ist weit mehr als eine literaturgeschichtliche Übung. Es kann wichtige Hinweise zum Verständnis der gegenwärtigen Situation geben.

Erstens zeigt es, dass die ukrainische nationale Bewegung ideologisch vielfältig war. Russische Propaganda ist bemüht, diese Bewegung als Variationen der „rechtsextremen" oder „faschistischen" Ideen darzustellen. Das „Faschismus"-Narrativ wurde schon damals, in den 1930er-Jahren, entwickelt. Noch bevor Schriftsteller wie Serow, Kulisch, Kurbas und Dutzende andere in nordrussischen Lagern hingerichtet wurden, verbreitete die OGPU „interne" Berichte, dass sie eine „faschistische" Gruppe unter ukrainischen Gefangenen gefunden habe. Heute wird die Post-Maidan-Ukraine in der russischen Propaganda gern als ein „faschistischer" Staat bezeichnet – gerade weil sie viel mehr mit den Schriftstellern gemeinsam hat, die in den 1930ern starben, als mit ihren Mördern.

Die Wahrheit ist jedoch, dass die 1937 hingerichteten Schriftsteller alles andere als Faschisten waren. Sie waren linksgerichtete Schriftsteller, überzeugt, dass die kommunistische Idee wahr sei; oftmals vertrauten sie ihr zu sehr, zumindest in den 1920er-Jahren. Darüber hinaus waren auch die Menschen, auf die sie in den Lagern trafen, die vor ihnen gefangengenommen worden waren – aktive Figuren der kurzlebigen ukrainischen Unabhängigkeit von 1917–1921 –, meistens linksgerichtet, wenn auch keine dogmatischen Kommunisten.

Jahrzehnte später waren auch ukrainische sowjetische Dissidenten der 1970er- und 1980er-Jahre wie Wassyl Stus oder Mykola Rudenko alles andere als Faschisten. Sie waren Liberale – man könnte sagen patriotische Liberale – und überzeugt davon, dass die Sowjetunion ein krimineller Staat sei, weil sie Menschenrechte in gewaltigem Umfang verletzte. Sie argumentierten, die UdSSR müsse sich, nachdem sie die Schlussakte von Helsinki unterzeichnet hatte, an deren Prinzipien halten.

Also war die ukrainische Nationalbewegung in den 1910er und 1920er-Jahren linksgerichtet, was „fortschrittlich" zu sein in ganz Europa bedeutete, nämlich sozialistisch zu sein. In den 1930ern tendierte sie eher zum „rechten" oder sogar „rechtsextremen" Spektrum, als das Denken in ganz Europa auf eine Konfrontation zwischen der extremen Rechten und der extremen Linken hinauslief. Und in den 1970ern wurde sie liberal – oder menschenrechtsorientiert –, als Menschenrechtsthemen in ganz Europa begannen, die kommunistische Idee zu verdrängen.

Die zweite Lehre aus dem Schicksal ukrainischer Schriftsteller der 1920er-Jahre ist, dass sich das Vorgehen und die Rhetorik sowjetischer und russländischer Unterdrückungsdienste (OGPU, NKWD, KGB oder FSB) seither kaum geändert haben. In den 1930ern verhaftete die sowjetische OGPU den ukrainischen Theaterregisseur Les Kurbas und bezichtigte ihn des Terrorismus; in den 2010ern verhaftete der russländische FSB den ukrainischen Filmregisseur Oleh Senzow und bezichtigte ihn des Terrorismus.

Und bei der dritten Lehre geht es um Geopolitik. Chwylowyj, der sich 1933 in seinem Apartment in Charkiw erschoss, träumte von einer „Erweiterung" europäischer Werte nach Osten – was er als „psychologisches Europa" bezeichnete. Sein Hauptargument war, dass Europas kulturelles Potenzial, das in seiner vollen Stärke in der Renaissance des 15. und 16. Jahrhunderts zum Ausdruck kam, in Osteuropa, in einem neuen Land und in einer neuen Kultur, wieder funktionieren kann. Er hielt Europas Grenzen nicht für politisch und glaubte, dass europäische Werte sich schneller auf andere Teile der Welt ausweiten würden als europäische politische Institutionen.

In gewisser Hinsicht hat dieser Gedanke den Euromaidan von 2013/14 in der Ukraine vorangetrieben, sowie den Kampf der Ukrainer gegen die russische Aggression seither. Er treibt auch die seit August 2020 andauernden Proteste in Belarus an. Ihr Hauptantrieb ist der Wert der Würde, von zentraler Bedeutung für die Europäische Union (siehe Artikel 2 des EU-Vertrags) – aber nun auch für die osteuropäischen Gesellschaften, die an die EU angrenzen.

Die Geschichte der 1920er- und 1930er-Jahre kann uns lehren, dass „Träume von Europa" – Träume von der Ausweitung europäischer Werte nach Osteuropa – eine Bedrohung für autoritäre Regimes darstellen, eine Zielscheibe für zynische Attacken seitens dieser Regimes sein können, dass sie brutal unterdrückt werden können – aber dann wiederum, Jahrzehnte später, wiedergeboren werden können.

Die ukrainische „hingerichtete Renaissance" der 1920er-Jahre, die mit ihrem klaren universalistischen Vektor die ukrainische Kultur als Teil der universellen europäischen Kultur betrachtete, ist daher ein wichtiger Anker, um die Entwicklung der Geschichte heute zu verstehen. Geschichte wiederholt sich nicht wirklich, bringt aber oft ähnliche Konstellationen hervor, in denen ähnliche Fragen und ähnliche Antworten formuliert werden.

Werden die „Träume von Europa" in osteuropäischen Ländern ihr Ziel erreichen? Oder werden sie stattdessen scheitern – und die Expansion Anti-Europas wird sich gegen das europäische Projekt durchsetzen? Werden sich die Tragödien der 1930er-Jahre heute wiederholen?

Wir wissen die Antwort nicht. Aber die Frage ist von entscheidender Bedeutung. Für die Gesellschaften östlich der EU ist sie eine Frage von Leben und Tod.

Aus dem Englischen von Meike Temberg.

Deutsche Ahnensuche in ukrainischen Archiven

von Oksana Grytsenko

Backsteinhäuser unter Ziegeldächern, farbenfrohe alte Fabrikgebäude, Gräber mit lateinischen Inschriften – diese Überreste deutscher Gemeinden finden sich in vielen ukrainischen Städten und Dörfern, obwohl dort fast keine Deutschen mehr leben. Für viele Nachkommen ukrainischer Deutscher sind diese alten Gemäuer jedoch kostbar.

Irina Peter erinnert sich, dass sie bei ihrem Besuch in Gottliebsdorf, einer deutschen Siedlung bei Korosten in der Oblast Schytomyr, dem Heimatort ihrer Vorfahren, ihre Tränen nicht zurückhalten konnte. „Ich musste weinen, als wenn ich all die Tränen vergösse, die meine Großeltern nicht vergießen durften, als sie 1936 deportiert wurden", sagt sie. Geboren wurde Irina Peter in Nur-Sultan (ehemals Astana), der Hauptstadt von Kasachstan. Dorthin mussten ihre Großeltern zwangsweise migrieren, da der sowjetische Diktator Josef Stalin in Erwartung eines Krieges mit Nazideutschland die Umsiedlung der Deutschen angeordnet hatte, die nahe der westlichen Grenze der Sowjetunion lebten. Peters Familie lebte seit dem 19. Jahrhundert im Gebiet der heutigen Oblast Schytomyr, die früher zum Gouvernement Wolhynien gehörte. Sie waren deutsche Lutheraner, aus Ostpreußen über Polen gekommen und in der Landwirtschaft tätig.

Nach Daten der letzten Volkszählung von 2001 gibt es in der Ukraine 33 300 Deutsche, nur einen winzigen Bruchteil der Zahlen einiger Jahrzehnte zuvor. Die Volkszählung 1939 zeigte, dass allein in der sowjetischen Ukraine mehr als 627 000 Deutsche lebten. Die meisten von ihnen wurden jedoch in den darauffolgenden Jahren nach Zentralasien oder Russland deportiert, ohne die Erlaubnis zurückzukehren.

Irina Peter, die 1992 nach Deutschland ausgewandert war, bemühte sich jahrelang so deutsch wie möglich zu sein. Angeregt durch die Geschichten, die ihre Großmutter Olga über das wunderschöne Wolhynien erzählte, begann sie jedoch, die Vergangenheit ihrer Familie zu erforschen. Im Jahr 2018 besuchte Peter schließlich die Ukraine und erforschte in Schytomyr ihre Familiengeschichte in den freigegebenen Archiven des KGB, der ehemaligen sowjetischen Geheimpolizei. Dort stieß sie auf die Einbürgerungsurkunde ihres Ururgroßvaters.

Die Archive in der Ukraine sind seit 2015 vollständig für die Öffentlichkeit freigegeben und enthalten nach Angaben von Heimatforschenden die umfangreichsten frei zugänglichen Informationen über die sowjetische Geheimpolizei in Europa. Später gewährten die Behörden außerdem Zugang zu den Archiven der sowjetischen Polizei, der Gefängnisse und der Staatsanwaltschaft. Ein Großteil der sowjetischen Militärarchive wurde ebenfalls öffentlich zugänglich gemacht.

Schwarzmeerdeutsche

In Odesa, einer Hafenstadt am Schwarzen Meer, recherchiert Oleksij Köhler über ortsansässige Deutsche in historischen Dokumenten, die er aus den dortigen Archiven kopiert. Er unterstützt auch andere Menschen bei der Suche nach Unterlagen über ihre deutschen Vorfahren.

„Manchmal finde ich eine einzelne Karte im Archiv und – beruhend darauf – findet dann jemand Unterlagen über ungefähr fünf bis sieben Generationen seiner Vorfahren", so Köhler. „Dann finden Leute die genauen Namen in Kirchenbüchern und können die Geschichte ihrer Familie aufschreiben oder ihre deutschen Wurzeln nachweisen."

Köhler durchsucht seit den 1990er-Jahren die Archive; damals leitete er einen ortsansässigen deutschen Heimatverein (die deutsche Gebietsgesellschaft „Wiedergeburt"). Er konnte in den Archiven die Geschichte seiner Familienmitglieder aufstöbern, deutsche Siedler und Siedlerinnen, die aus dem heutigen Baden-Württemberg ins Russische Reich gekommen waren. „Vor einigen Jahren stieß ich auf die Ausweisnummer meines Urgroßvaters Carl Köhler. Er kam 1809 in die Ukraine und lebte in einer Kolonie namens Sulz im Gebiet der heutigen Oblast Mykolajiw", sagte er.

Russische Zaren hatten die Deutschen eingeladen, sich in der dünn besiedelten Schwarzmeerregion niederzulassen; die Einwanderer erhielten unentgeltlich Land, Religionsfreiheit und Steuerbefreiungen. In der Region zwischen den Flüssen Dnister und Südlicher Bug, im heutigen Gebiet der Oblaste Odesa und Mykolajiw, gab es laut Köhler mehr als 400 deutsche Siedlungen. Aber als das Russische Reich von der Sowjetunion abgelöst wurde, griff die neue Obrigkeit meist hart und repressiv gegen die sesshaft gewordenen deutschen Kolonisten durch. Köhlers Großvater kam 1937 ins Gefängnis, im Jahr der größten Repressionen Stalins.

Gegen Ende des Zweiten Weltkriegs wurden die meisten Deutschen, die im Süden der Ukraine lebten (sogenannte Volksdeutsche), von den sich auf dem Rückzug befindenden deutschen Truppen ins Gebiet des heutigen Polens geschickt. Nach dem Krieg schickten die Sowjets sie zurück in die UdSSR und deportierten sie hauptsächlich nach Sibirien oder Zentralasien.

Köhlers Vater, damals gerade sieben Jahre alt, wurde in die Oblast Iwanowo in Zentralrussland deportiert, in ein spezielles Lager für internierte Kinder, wo er bestraft wurde, wenn er außerhalb der Deutschstunden deutsch sprach oder seinen Deutschlehrer verbesserte. Köhlers Vater schaffte es, heimlich in die Ukraine zurückzukehren und sich in der Nähe von Odesa niederzulassen, aber die Familie hatte jahrelang Angst ihre deutsche Herkunft preiszugeben. „Mein Vater hatte bis zum Zusammenbruch der Sowjetunion in den 1990er-Jahren Angst, deutsch zu sprechen", sagte Köhler.

Verborgene Schätze

Es wurde allgemein angenommen, dass die meisten Unterlagen über Deutsche in der Sowjetunion in den 1920er- bis 1940er-Jahren entweder von den Nazis entwendet oder von der sowjetischen Geheimpolizei zerstört worden seien. Nach dem Zusammenbruch der UdSSR jedoch stießen Historiker und Historikerinnen in den ukrainischen Archiven auf verborgene Schätze.

Köhler erinnert sich, wie er 1992 seinen deutschen Kollegen Alfred Eisfeld ins Archiv der Oblast Odesa brachte. Eisfeld war erstaunt, dass dort ungefähr 200 000 Archivdokumente über Schwarzmeerdeutsche aufbewahrt wurden.

Eisfeld, mittlerweile Leiter des Instituts für Deutschland- und Osteuropaforschung des Göttinger Arbeitskreises e. V., sagte, er habe in Odesa viele Unterlagen über Deutsche gefunden, die bis ins 19. und frühe 20. Jahrhundert zurückreichten. Er reiste wiederholt in die Ukraine und fand viele weitere interessante Materialien in den Archiven von Dnipro, Cherson, Mykolajiw und Simferopol. „Wir entdeckten lange vergessene und kaum untersuchte Seiten der multinationalen Geschichte der Ukraine", sagte Eisfeld.

Ebenso wie Köhler war Eisfeld aufgrund seiner eigenen familiären Geschichte an den Geschichten der Deutschen in der Ukraine interessiert. Seine Vorfahren kamen im späten 18. Jahrhundert aus Deutschland in das Gouvernement Jekaterinoslaw, das heute das Gebiet der Oblast Dnipropetrowsk bildet. Einige von ihnen lebten in einer deutschen Kolonie, Josefstal, die nun am Stadtrand von Dnipro liegt.

Versuche, das deutsche Erbe wieder aufleben zu lassen

In Gottliebsdorf, einst vollständig von Deutschen bewohnt, stieß Irina Peter auf nur wenige verbliebene deutsche Häuser. Das Dorf hat nun einen ukrainischen Namen, Zorianka. Sie konnte eines dieser einstöckigen Häuser besuchen und sehen, dass es dem Haus ähnelte, in dem ihre Großmutter in Kasachstan gelebt hatte.

Nun zurück in Mannheim, plant Irina Peter, erneut in die Ukraine zu reisen und ihre Familiengeschichte weiter zu erforschen, so traurig diese auch sein mag. „Ich mag keine Happy Ends, darum mag ich die traurigen Geschichten meiner Familie irgendwie, und ich versuche, sie für die Zukunft zu erhalten, indem ich über sie schreibe", meint sie.

In der Stadt Nowhorodske in der Oblast Donezk, nahe der Frontlinie im Krieg zwischen der Ukraine und den von Russland unterstützten Separatisten, versuchen lokale Aktivisten, ihre deutsche Vergangenheit wiederzubeleben. Diese Stadt wurde im späten 19. Jahrhundert von deutschen Mennoniten gegründet und nach ihrem Herkunftsort, der norddeutschen Stadt Jork bei Hamburg, New Jork genannt. Mittlerweile wird der Name meist mit New York in den Vereinigten Staaten verwechselt.

Die meisten Deutschen wurden dort an einem einzigen Tag im Oktober 1941 von den sowjetischen Machthabern nach Kasachstan deportiert. Ihre Häuser befinden sich jedoch noch in recht guter Verfassung. Mithilfe einheimischer Unternehmen und mit Geldern der Vereinten Nationen konnte die Kommunalverwaltung in diesem Jahr einen ehemaligen deutschen Buchladen sanieren und dort eine Begegnungsstätte namens „Ukrainisches New Jork" eröffnen, so Tetiana Krasko, Schriftführerin des Stadtrats.

Die Kommunalverwaltung entwickelt nun auch touristische Wege entlang der Hauptstraße, die einst Gartenstraße hieß – ein Name, der auf die wunderschönen Obstgärten, die dort von Deutschen angelegt wurden, zurückgeht.

Aus dem Englischen von Meike Temberg.

Deportation der Krimtataren – ein dorniger Weg durch die Jahrzehnte

von Viktoria Savchuk

In der Geschichte der Ukraine gibt es viele Ereignisse, die im Ausland weitgehend unbekannt sind. Die sowjetische Epoche bis zur Proklamierung der Unabhängigkeit 1991 war für das Land eine besondere Herausforderung. Dieser Zeitraum war eine Ära der massiven Repressionen, der politisch motivierten Verfolgungen Andersdenkender und der sogenannten „ethnischen Säuberungen" von Volksgruppen, die vom sowjetischen Regime nicht als loyal betrachtet wurden.

An eines dieser von der sowjetischen Macht begangenen Verbrechen erinnert sich das indigene Volk der Krimtataren auf der ukrainischen Halbinsel Krim immer noch sehr gut. Es handelt sich um die 1944 erfolgte Deportation von über 200 000 krimtatarischen Menschen. Im Jahre 2015 wurde diese Deportation vom ukrainischen Parlament als Genozid am krimtatarischen Volk anerkannt. Um die Hintergründe dieser Tragödie zu verstehen, muss man aber kurz zu den Geschehnissen des Jahres 1944 zurückkehren.

Hintergründe der Deportation

Noch kurz bevor die Krim von der bis zum 13. Mai 1944 andauernden nationalsozialistischen Besatzung befreit wurde, diskutierte man im Moskauer Kreml das Schicksal der Krimtataren. Die sowjetische Regierung plante eine Aktion zur „Säuberung der Krim von antisowjetischen Elementen" – von der das ganze krimtatarische Volk betroffen war. Die offizielle Begründung dafür ist in der Verordnung Nr. 5859-ss vom 11. Mai 1944 über die Umsiedlung der Krimtataren in die Usbekische Sowjetrepublik zu finden: Sie wurden des „Verrates am Mutterland", der „Desertion von Einheiten der Roten Armee" und der „Massenkollaboration mit den Nazis" beschuldigt.

Russischen Quellen zufolge lag die Desertationszahl im Herbst 1941 bei ca. 20 000 Krimtataren, was überproportional hoch und stark anzuzweifeln ist: Insgesamt haben etwa 20 000 Krimtataren in der Roten Armee gedient – davon nahmen nicht mehr als 10 000 Soldaten an Feindseligkeiten teil. Historikerinnen und Historiker schätzen die Zahl der krimtatarischen Deserteure auf circa 4000 Personen.

Was die Kollaboration betrifft, muss man allerdings sagen, dass damals tatsächlich 15 000 bis 16 000 Krimtataren mit den deutschen Besatzern kollaboriert haben. Es scheint wichtig, zu erwähnen, dass fast alle entweder ums Leben gekommen sind oder zu Haft verurteilt wurden. Darüber hinaus stellte Kollaboration zu dieser Zeit keine Seltenheit dar: In den besetzten Gebieten gab es in der Regel einen bestimmten Prozentsatz der lokalen Bevölkerung – Vertreter verschiedener (oft kleiner) Völker, die sich unter Todesdrohung oder aus Gründen der Sicherheit der eigener Familie zur Kollaboration mit den Besatzern gezwungen sahen. Die strafrechtliche Verantwortung ist aber individuell zu sehen. Für Straftaten bestimmter Personen sollte nicht das ganze Volk kollektiv verantwortlich gemacht werden.

Aber die krimtatarische Bevölkerung wurde am 18. Mai 1944, kurz nach der Verabschiedung der entsprechenden Verordnung, zur „dringenden Aussiedlung" aus ihrem Heimatgebiet Krim in entlegene Gegenden Zentralasiens, aber auch nach Sibirien und in den Ural verschleppt. Vertrieben wurden alle auf der Krim lebenden Menschen krimtatarischer Herkunft: Frauen, Kinder und alte Menschen. Nicht davon ausgenommen waren überraschenderweise sogar die Familienangehörigen der Krimtataren, die von der Roten Armee für ihren Militärdienst in höchster Weise ausgezeichnet wurden. Für krimtatarische Soldaten und Offiziere, die damals in anderen sowjetischen Regionen gedient hatten, bestand keine Möglichkeit zur Rückkehr auf die Krim.

Die aktive Phase der gezielten Verschleppung war außerordentlich kurz: An einem einzigen Tag wurde die Verordnung mit gewaltsamen Maßnahmen durch Truppen des Innenministeriums der UdSSR (oder des NKWD) vollzogen. Bewaffnete Soldaten stürmten meist in der Nacht oder am frühen Morgen die Häuser der krimtatarischen Menschen, durchsuchten sie, erzwangen die Räumung und beschlagnahmten verbliebenes Vermögen. Erinnerungen der Überlebenden zufolge fürchteten viele Menschen damals, erschossen zu werden.

> „Nachts weckten uns die Soldaten mit Waffen und befahlen, das Haus zu verlassen. Mein Vater dachte, wir würden erschossen. Unter Bewachung wurden wir zu einem Güterzug gebracht."
>
> *Zeitzeugin Munire, 96 Jahre alt, aus Bachtschissaraj, Krim, Ukraine.*

Die Deportierten wurden auf unmenschliche Weise in überfüllten Güterwaggons transportiert. Sie litten unter Hunger, Durst und unhygienischen Bedingungen. Insgesamt starben etwa 46 Prozent der krimtatarischen Bevölkerung bei der Vertreibung selbst und in den ersten Jahren danach.

> „Wir wurden in Güterwagen geworfen, überall war es sehr dreckig. Zwei Menschen starben neben uns. Wir sahen, wie die Leichen aus anderen Wagen auf dem Weg liegen gelassen wurden.
>
> Am 6. Juni 1944 wurden wir zur Station Hakulabad in der Oblast Namangan [Gebiet in der damaligen Usbekischen Sozialistischen Sowjetrepublik – Anm. der Autorin] gebracht. Es war sonst niemand in der Nähe, als ob das Dorf ausgestorben wäre."
>
> *Zeitzeugin Khalide, 92 Jahre alt, aus Jalta, Krim, Ukraine.*

An dieser Stelle darf nicht unerwähnt bleiben, dass die damalige Vertreibungspolitik nicht nur das krimtatarische Volk betraf. Aus denselben Gründen verschleppte die sowjetische Regierung im Jahr 1944 von der Krim auch etwa 16 000 Menschen griechischer, 12 500 Menschen bulgarischer und fast 10 000 Menschen armenischer Nationaliät.

Aufgrund dieser Tatsachen kann man davon ausgehen, dass der eigentliche Zweck der Massendeportationen von 1944 die maximale „Säuberung" der Krim war. Die Halbinsel sollte „frei" von unerwünschten und antisowjetischen Elementen – der krimtatarischen und anderen Nationalitäten – werden, die „antisowjetische Bewegungen" initiieren oder im Falle eines sowjetischen Angriffs auf die Türkei Letztere unterstützen könnten. Zudem schien die Massendeportation eine „effektive" Maßnahme zu sein, um andere Regionen der Union mit zusätzlichen billigen Arbeitskräften zu versorgen.

Krimtatarische Identität: Versuche der Zerstörung

Nach der Deportation überrollte die Krim eine durch die sowjetischen Behörden erzeugte Welle der Zerstörung von Denkmälern zur krimtatarischen Geschichte und Kultur. Moscheen und muslimische Friedhöfe wurden massenhaft vernichtet. Die meisten Toponyme krimtatarischen Ursprungs auf der Halbinsel wurden durch russische ersetzt. Die lokale Flora und Fauna war ebenfalls stark betroffen: So sind beispielsweise einige traditionelle Rebsorten und zwei lokale Hunderassen, die von Krimtataren gezüchtet wurden, verschwunden. Den größten Verlust erlitt jedoch die krimtatarische Sprache – ein vitaler Bestandteil der nationalen Volksidentität. Die krimtatarische Literatur wurde auf der Krim massenhaft verbrannt, die krimtatarischen Schulen vollständig liquidiert. Auch im Exil war die Sprachsituation schlecht: In den meisten Schulen, Kitas und sonstigen Bildungseinrichtungen war die Arbeitssprache Russisch. In dieser Situation lag alle Hoffnung auf der Familie als der einzigen Quelle für die Weitergabe der krimtatarischen Sprache und der Traditionen. Jedoch wurden die familiären Möglichkeiten erheblich durch gemischte Ehen und den generellen Assimilationsdruck zum Zweck des banalen Überlebens minimiert. Infolgedessen stufte die UNESCO die krimtatarische Sprache als *severely endangered* ein.

Das Leben im Exil

Ein Großteil der krimtatarischen Bevölkerung wurde nach Usbekistan, in kompakte Siedlungen unter einem Sonderregime, deportiert. Die Vertriebenen standen unter Beobachtung der lokalen Behörden und erlebten drastische Einschränkungen der eigenen Freizügigkeit. Die Ausreise aus der Siedlung erlaubte man ihnen nur in Ausnahmefällen nach Antrag naher Verwandter. Generell galt aber ein strenges Verbot, die Siedlung zu verlassen: Bei Verstoß drohte eine Geldstrafe und bei erneutem Verstoß bis zu zwanzig Jahre Haft.

1956 wurden viele Krimtataren vom „Sondersiedlerstatus" befreit und durften innerhalb der Sowjetunion umziehen. Die Aufhebung der Beschränkungen sah jedoch keine Rückkehr in ihre ursprüngliche Heimat, die Krim, vor. Dies begründete man damit, dass die Krim eine komplett bewohnte Region der Ukraine sei. Diese Behauptung sowie der Druck der Sowjetregierung, die Menschen krimtatarischer Nationalität in Usbekistan auszurotten, wirkten als starker Katalysator für die Aktivistengruppen, die sich allmählich zu einer mächtigen nationalen Krimtatarenbewegung von Bedeutung in der gesamten Sowjetunion entwickelte. Laut einer 1972 verabschiedeten Verordnung wurden Aktivisten und Aktivistinnen der Bewegung und praktisch alle Krimtataren, die versuchten, in ihre Heimat zurückzukehren, für „unzuverlässig" erklärt. Dies legalisierte faktisch weitere Repressalien wie Verprügeln, Inhaftierungen, politisch motivierte Strafverfolgung etc. gegen Aktivisten. Für die Wiederherstellung der Rechte und Interessen ihres Volkes zahlte die krimtatarische Bevölkerungsgruppe einen hohen Preis – man verlieh ihr den Status eines „antisowjetischen Elements".

Rückkehr und Integration

Erst 1988 wurde das Verbot, sich wieder auf der Krim anzusiedeln, aufgehoben. Nur einzelne krimtatarische Aktivistinnen und Aktivisten hatten es trotzdem geschafft, vor 1988 auf die Krim zurückzukehren.

> „Meine Eltern wurden im Exil geboren. Sie hätten wie ich auf der Krim geboren werden sollen, aber im Jahre 1968, dem Geburtsjahr meiner Eltern, gab es noch keine offiziellen Möglichkeiten zur Rückkehr. Nur einem kleinen Prozentsatz der Krimtataren gelang es, trotz der Schwierigkeiten früher nach Hause zurückzukommen. Dies waren im Grunde genommen aktive Mitglieder der krimtatarischen Nationalbewegung",
>
> *Muslim, 26 Jahre alt, aus Kyjiw, Ukraine.*

Auch nach der erträumten Rückkehr in die Heimat blieben die Zeiten mehr als turbulent. Die Immobilien, die die Krimtataren vor der Deportation besessen hatten, waren vom Staat beschlagnahmt oder von neuen Eigentümern besetzt worden. Als sogenannte Kompensation wurden von der sowjetischen Regierung leere und unfruchtbare Steppengebiete im Norden der Krim bereitgestellt, wo die Rückkehrenden versuchen mussten, sich ohne Finanzmittel, Gas, Strom und Wasser irgendwie niederzulassen. Die schwierigste Herausforderung stellte der jahrelange Kampf der Menschen krimtatarischer Ethnizität gegen die sowjetische Propaganda dar.

Obwohl die krimtatarische Bevölkerung im Jahr 1967 von allen Vorwürfen offiziell freigesprochen wurde, bleibt das von der Sowjetunion geschaffene negative Bild des krimtatarischen Volkes in der Gesellschaft innerhalb und außerhalb der Krim doch so tief verwurzelt, dass es auch noch nach Jahrzehnten das Schicksal der Qirimli (so der ursprüngliche Name der Krimtataren auf Krimtatarisch) bestimmt. Beispiele muss man nicht lange suchen – es reicht, aktuelle Nachrichten über die repressiven Maßnahmen der Okkupationsmacht gegen die krimtatarische Bevölkerung auf der von Russland widerrechtlich besetzten Halbinsel Krim zu verfolgen.

Latente Deportation im 21. Jahrhundert

Das, was mit dem krimtatarischen Volk seit der Okkupation der Krim im Jahre 2014 passiert, bezeichnen viele ukrainische Historikerinnen und Historiker als latente Deportation. Unbegründete Durchsuchungen, Massenverhaftungen, politisch motivierte Strafverfolgungen, Zwangspsychiatrie, der Mord an Reschat Ametow, andere Missachtungen der Menschenrechte – dies ist eine Antwort des

Kremls auf die Abneigung der Krimtataren gegen die russische Besatzung. Wegen des starken direkten und indirekten Drucks wurden circa 15 000 krimtatarische Menschen gezwungen, ihre Heimat für eine unbestimmte Zeit wieder zu verlassen.

Mit der Krim-Besatzung und all diesen repressiven Maßnahmen reiht sich Russland in die Kontinuität der vorher begangenen sowjetischen Verbrechen ein. Es bleibt zu hoffen, dass die internationale Gemeinschaft nicht wegsieht, sondern das Unrecht offen benennt. Vertreibung – auch die subversive – ist und bleibt ein Verbrechen gegen die Menschlichkeit.

Quellen:

Bekirova, Hulnara: „Deportaciya i borot'ba kryms'kyx tatar za povernennya na bat'kivshhynu (1944-1991)", unabhängige Kulturzeitschrift „Ї", 2018.

CrimeaSOS: „Deportation of Crimean Tatars. Crime told by witnesses."
Teil 1, 26. 05. 2016.

Hromenko, Serhii: „Vitchim narodiv. Navischo Stalin viseliv davni etnosi Krimu", ZN, UA, 19. 01. 2014.

Hromenko, Serhii: "S radyans'kyx mify pro kryms'kyx tatar. Dekonstrukciya", Istorichna Pravda, 18. 05. 2019.

Hallbach, Uwe: „Analyse: Die Krimtataren in der Ukraine-Krise", Bundeszentrale für politische Bildung, Bonn 2014.

Jobst, Kerstin: „Geschichte der Krim - Iphigenie und Putin auf Tauris",
Walter de Gruyter Verlag, Berlin 2020.

KAPITEL 2

BESATZUNGS MÄCHTE IM ZWEITEN WELTKRIEG

Geheimes Zusatzprotokoll

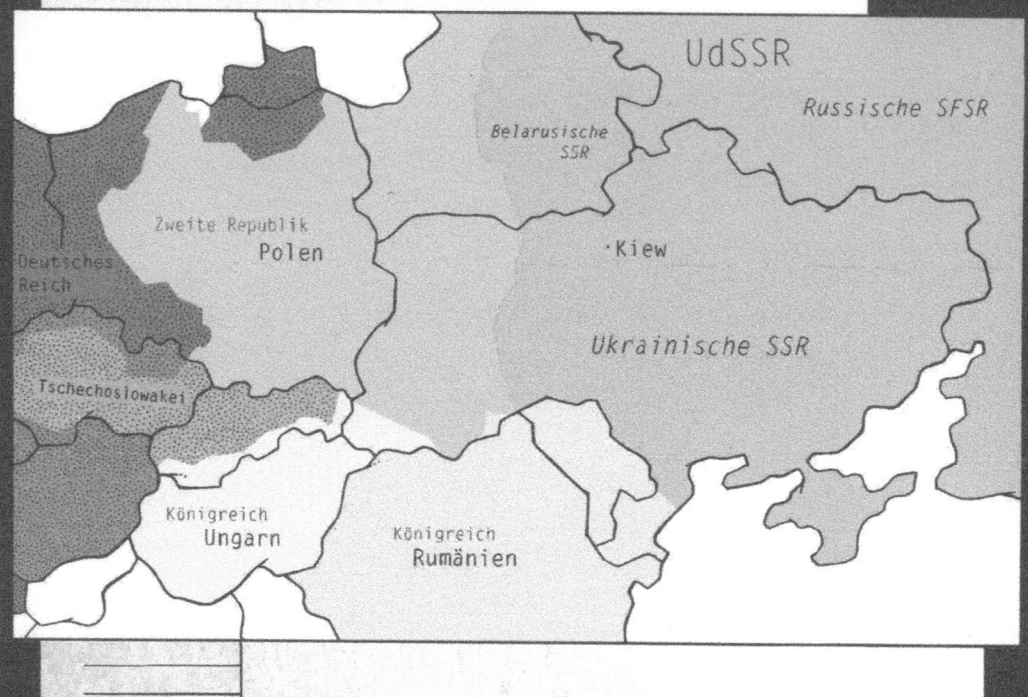

Moskau, den 23. August 1939

Das Erbe des Hitler-Stalin-Pakts: die Ukraine zwischen Nation und imperialer Herrschaft

von Jan Claas Behrends

Der Pakt zwischen Stalins Sowjetunion und dem nationalsozialistischen Deutschland, der im August 1939 in Moskau geschlossen wurde, verursacht auch heute noch politische Spannungen und historische Kontroversen. Das Bündnis der Diktatoren steht am Anfang des Zweiten Weltkriegs, der mit der gemeinsamen Aggression Deutschlands und der Sowjetunion gegen Polen und der Aufteilung Osteuropas in imperiale Einflusssphären begann, die im geheimen Zusatzprotokoll festgehalten waren. Damit zerstörten Stalins UdSSR und das „Dritte Reich" gemeinsam die nationalstaatliche Ordnung, die seit 1917 als Konsequenz der Niederlage der imperialen Mächte im Osten Europas entstanden war. Nur zwanzig Jahre nach dem Ende des Ersten Weltkriegs hatten die revanchistischen Mächte die Oberhand gewonnen. Polen und die baltischen Staaten bezahlten das deutsch-sowjetische Bündnis mit ihrer Souveränität. Osteuropa war zwei imperialen Mächten ausgeliefert, und beide waren moderne Diktaturen.

Mehrere Jahrzehnte hat die sowjetische Regierung die Konsequenzen des Hitler-Stalin-Paktes geleugnet. Erst Michail Gorbatschow und Boris Jelzin haben die historische Realität langsam anerkannt. Doch unter Wladimir Putin kam es zum Rollback in der Geschichtspolitik: In den vergangenen Jahren versuchte das offizielle Russland beharrlich, den Vertrag vom 23. August 1939 zu relativieren und zu normalisieren. Eine Strategie des Kremls greift das sowjetische Argument auf, dass Moskau aus Sicherheitsgründen gezwungen gewesen sei, den Pakt zu unterzeichnen. Die andere Argumentation fußt auf der Behauptung, der Pakt sei ein Vertrag wie jeder andere gewesen. Andere Staaten, wie etwa Polen 1934 oder Großbritannien 1935, hätten auch Verträge mit Hitler geschlossen. Diese Argumente sind unzutreffend, da die entscheidende Komponente des Paktes das geheime Zusatzprotokoll war, dass aus dem offiziellen „Nichtangriffspakt" nicht nur ein Bündnis, sondern de facto einen Angriffspakt gegen Polen und das Baltikum machte. Sowohl Warschau als auch die baltischen Staaten, deren Bevölkerungen im August 1989 mit einer beeindruckenden Menschenkette auf das historische Unrecht des Paktes verwiesen, wenden sich deshalb mit Recht gegen die Versuche des Putin-Regimes, die deutsch-sowjetische Entente des Jahres 1939 zu bestreiten. Für den Kreml hingegen steht die Erzählung vom „Großen Vaterländischen Krieg" und der „Befreiung Europas" auf dem Spiel, die vor 1991 die Sowjetunion und heute die russische Staatlichkeit legitimiert.

Der Fokus auf Russland, Polen, das Baltikum und den Kriegsbeginn am 1. September 1939 verstellt den Blick darauf, dass auch Länder wie Rumänien, die Ukraine, Belarus und die Republik Moldau von den Folgen des Hitler-Stalin-Paktes bis heute betroffen sind. Dies gilt in besonderem Maße für die Ukraine, deren heutige Gestalt eine direkte Konsequenz der Zäsur von 1939 ist.

Im Unterschied zu Polen war es der Ukraine nach dem Zerfall des Zarenreiches nicht gelungen, ihre kurzlebige Unabhängigkeit im russischen Bürgerkrieg zu behaupten. Galizien ging im Frieden von Riga 1921 an Polen, die östliche Ukraine wurde Sowjetrepublik. Ukrainer und Ukrainerinnen lebten somit in der Zwischenkriegszeit entweder als Minderheit im polnischen Nationalstaat oder als Titularnation in der Sowjetunion, wo politische Entscheidungen in Moskau und nicht in der Ukraine getroffen wurden. Bereits seit den 1920er Jahren versuchte die sowjetische Führung, die ukrainische Minderheit in Polen zur Destabilisierung des Nachbarlandes zu nutzen. Die Entwicklung in der Sowjetunion war weitaus dramatischer als in Piłsudksis Polen: Auf die kurze Blüte ukrainischer Kultur durch die Nationalitätenpolitik der frühen Sowjetunion folgte nicht nur die Russifizierung unter Stalin, sondern der Holodomor 1932/33 infolge der Kollektivierung und der „Große Terror" von 1937/38. Trotz aller Propaganda blieb die Strahlkraft der sowjetischen Ukraine auf die Diaspora in Polen deshalb beschränkt. Zu groß waren Not, Elend und Unterdrückung in der sowjetischen Teilrepublik. Doch auch die Ukrainer und Ukrainerinnen in Galizien wurden diskriminiert: als nationale Minderheit wurden sie geduldet, doch sie standen am Rande der Gesellschaft.

Die Ukraine, die 1939 noch nicht als unabhängiger Staat existierte, wird gleichwohl bis in die Gegenwart von den Entscheidungen dieses Jahres geprägt. Obwohl die Annexion Galiziens nur eine Episode in den Jahrzehnten des Terrors und der Gewalt (1905–1953) darstellt, wurden durch die Sowjetisierung der Westukraine in den Jahren 1939 bis 1941 entscheidende Weichen für das gesamte Land gestellt. Am 17. September 1939 überschritten sowjetische Truppen die Grenze und fielen damit der gegen die Wehrmacht kämpfenden polnischen Armee in den Rücken. Die Begründung für den Einmarsch war nicht die revolutionäre Erhebung gegen die „polnischen Pane", sondern die nationale Befreiung der Ukraine: Es sei Aufgabe der Roten Armee, so hieß es im Tagesbefehl, die weitere „Knechtung" der „weißrussischen und ukrainischen Brüder" zu verhindern. Stalins Propagandist Jemeljan Jaroslawski schrieb in der „Prawda", es gehe um „Hilfe für die gleichblütigen [*edinokrovnij*] Ukrainer und Weißrussen, die in Polen wohnen." Die sowjetische Begründung des Einmarsches befand sich im Einklang mit dem völkischen Denken der Epoche.

Nach den Revolutionen von 1905 und 1917, dem Bürgerkrieg und dem Holodomor begann 1939/40 eine weitere Phase der Massengewalt auf dem Boden der heutigen Ukraine. Die Sowjetisierung der westlichen Ukraine war zugleich eine ethnische Säuberung, die vor allem, aber keineswegs ausschließlich, die polnische Bevölkerung traf. Der polnische Staat wurde zerschlagen und seine Repräsentanten verloren ihre Ämter, ihren Besitz und häufig auch ihre Freiheit oder ihr Leben. So begann seit dem Herbst 1939 die Ukrainisierung dieser ethnisch gemischten Gebiete. Durch den deutschen Überfall auf die Sowjetunion im Sommer 1941 eskalierte die Gewalt nochmals – bis zum Genozid an der jüdischen Bevölkerung unter der deutschen Besatzung. Omer Bartov hat in seiner Studie über die galizische Kleinstadt Buczacz (ehemals Buchach) beschrieben, wie diese

Kombination aus Sowjetisierung, Besatzung, Shoah und seit 1944 erneuter Sowjetisierung eine gänzlich neue Gesellschaft formte. Jene Multiethnizität, die über Jahrhunderte die Ukraine geprägt hatte, ging aufgrund der Massenmorde, der Vertreibung und der Diskriminierung und Deportation der Minderheiten in weiten Teilen des Landes verloren. Insbesondere die Städte der Ukraine wurden neu bevölkert. Auf lange Zeit brannte sich die Erfahrung von Vernichtungskrieg und Völkermord ins Gedächtnis der Überlebenden ein.

Die geopolitischen Realitäten, die im August 1939 geschaffen wurden, hatten nach der Niederlage Deutschlands Bestand. Stalin behielt die ostpolnischen Gebiete (die *kresy*) und das Baltikum als Teil der UdSSR. Die Ukraine der Nachkriegszeit bestand also aus einem größeren östlichen Teil, der bereits seit 1922 zur Sowjetunion gehört hatte, und aus dem galizischen Westen, in dem trotz aller Katastrophen das Erbe der österreich-ungarischen Epoche und der polnischen Periode sichtbar blieb. Ähnlich wie das Baltikum im Norden war Galizien deshalb in vieler Hinsicht „europäischer" als der Rest der UdSSR und wurde auch so wahrgenommen. Es gab eine kulturelle Differenz zwischen den Landesteilen, die den Holodomor und den Terror der Dreißigerjahre durchlitten hatten, und den Gebieten, die erst seit 1939 (mit der Unterbrechung der deutschen Besatzung) zur UdSSR gehörten. Die Grenze zwischen der sowjetischen und der ostmitteleuropäischen Kommunismuserfahrung verläuft mitten durch die Ukraine. Darin unterscheidet sich das Land von Russland, den kaukasischen Staaten oder Zentralasien.

Doch mindestens so dramatisch wie Krieg und Massengewalt, die auf den Hitler-Stalin-Pakt folgten, ist die tiefer liegende geopolitische Frage, die 1918, 1939, 1945 und 1989 jeweils anders entschieden wurde: Soll Osteuropa, wie der Westen des Kontinents, von Nationalstaaten geprägt sein oder ist es ein imperial beherrschter Raum, in dem nur Großmächte wirklich souverän sind?

Das Jahr 1939 markierte nach nur zwei Jahrzehnten die Rückkehr zur imperialen Ordnung, die erst im Zuge des Umbruchs von 1989/91 ein zweites Mal zusammenbrach. Mit den Kriegen gegen Georgien 2008 und gegen die Ukraine seit 2014 hat der Kreml gezeigt, dass er bereit ist, seine imperialen Ambitionen erneut mit militärischer Gewalt durchzusetzen. Wie im Herbst 1939 wird wieder mit dem vermeintlichen Schutz bedrohter Minderheiten argumentiert, um die Intervention in fremde Staaten zu legitimieren. Diese Kontinuität imperialen Denkens und Handelns bedroht gegenwärtig den Frieden in Europa.

Im Jahr 1939 wurde Polen Opfer eines imperialen Rollbacks, seit 2014 ist es nun die Ukraine. Im Unterschied zur Welt vor achtzig Jahren führt das imperiale Denken Moskaus in der Gegenwart in die Isolation. In Europa steht der Kreml allein. Dennoch sind das Hegemoniestreben Wladimir Putins und seine Entschlossenheit, auch militärische Gewalt einzusetzen, eine Realität, der sich die Europäer erneut stellen müssen. Die geopolitische Ordnung im Osten des Kontinents bleibt fragil.

Die Ukraine unter dem Regime der Nazis

von Karel C. Berkhoff

Die Ukraine spielte in den Plänen der Nazis eine wichtige Rolle, weil sie Teil des „Lebensraumes" war, den die Deutschen vermeintlich zum Überleben brauchten. Die fruchtbaren Böden der Ukraine würden ihnen die Möglichkeit geben, ihre bäuerlichen Wurzeln zu neuem Leben zu erwecken und sich selbst als germanische „Rasse" zu regenerieren. Außerdem sollten Nahrungsmittel und Bodenschätze aus der Ukraine die wirtschaftliche Unabhängigkeit des „Dritten Reiches" sichern. Alle außer den Deutschstämmigen sollten früher oder später „entfernt" werden, nicht nur die Juden, sondern die gesamte ansässige Bevölkerung. Letztlich sollte nur „reines deutsches Blut" dort leben.

Zu welchem Resultat führte die von solch einer Ideologie getriebene Invasion? Kurz vor der deutschen Invasion am 22. Juni 1941 hatte die Sowjetunion die Ukrainische Sozialistische Sowjetrepublik erweitert durch die Annexion von Teilen Polens und Teilen Rumäniens – dem westlichen Wolhynien, dem östlichen Galizien, der nördlichen Bukowina und dem südlichen Bessarabien.

Nach dem Vormarsch der deutschen Truppen in diese Gebiete wurden sie zu der größten deutschen Territorialeinheit und zum „Reichskommissariat der Ukraine" (RKU) mit Stabsquartier in Riwne umgestaltet. Sie wurden dem Reichskommissar Erich Koch unterstellt. Das Gebiet bestand aus fünf großen Distrikten: Wolhynien-Podolien, Schytomyr, Kyjiw, Mykolajiw, Dnipropetrowsk und einem „Teilbezirk" namens Taurien. Im Norden gehörten auch Teile des heutigen Belarus zu diesem Reichskommissariat. Unterdessen wurden die Stadt Lwiw und der Rest Ostgaliziens dem Distrikt Galizien zugeordnet, das als Generalgouvernement bezeichnet wurde.

Die Region Galizien wurde in Regierungsbezirke unterteilt und den Gouverneuren Karl Lasch und später Otto Wächter unterstellt. Deutschlands rückwärtiges Heeresgebiet der Heeresgruppe Süd in der östlichsten militärischen Besatzungszone wurde von Karl von Roques und Erich Friderici befehligt. Die Karpatenukraine (Subkarpatische Rus oder Transkarpatien) wurde unter ungarische Herrschaft gestellt, die das Gebiet 1939 annektiert hatte.

Das Leben unter der Naziherrschaft war brutal und voller Angst. Der Terror zeigte sich auf unterschiedliche Weise: durch Plünderungen, Zwangsräumungen, Deportationen und durch die massenhafte Ermordung von Juden, Roma, psychisch Kranken, Kriegsgefangenen, Kommunisten, sowjetischen Aktivisten und anderen „Verdächtigen". Die Hinrichtungen wurden oft vor aller Augen ausgeführt. Eine große Zahl von deutschen „Sicherheitskräften" machte zügellosen Gebrauch von ihrer Erlaubnis zum Töten. Zu diesen Einheiten gehörten auch zwei große Einsatztruppen der Sicherheitspolizei und des Sicherheitsdienstes, die Einsatzgruppe C und die Einsatzgruppe D. Zusätzlich zu diesen mobilen Tötungskommandos gab es neun Bataillone der deutschen Ordnungspolizei, die 1. SS-Infanterie-Brigade der Waffen-SS und drei Einheiten der Armeesicherheit. Zahlreiche Lager wurden errichtet, etwa Syrez in Kyjiw und Janowska in Lwiw.

Niemals zuvor in der Geschichte der Ukraine, mit Ausnahme der Zeit des Holodomors von 1932/33, mussten so viele gesellschaftliche und ethnische Gruppen so Schreckliches durchleiden. Für den Großteil der Bevölkerung des „Reichskommissariats der Ukraine" waren die Lebensbedingungen sehr viel schlechter als in Westeuropa, also auch viel schlechter als im „Generalgouvernement" Polen. Das bedeutete, dass Galizien mit Leichen und Massengräbern übersät wurde. Ebenso traf das auf das Rückwärtige Heeresgebiet der Heeresgruppe Süd zu, zu dem auch der Donbas (Donezbecken) und die Krim gehörten und die keine deutsche Zivilverwaltung hatten. Tatsächlich gab es in der gesamten europäischen Geschichte kein Militärbesatzungsregime, das so brutal war wie dieses. Die deutschen Streitkräfte waren verantwortlich für Massenverbrechen, hauptsächlich, weil die Wehrmacht „durchnazifiziert" war und die Befehlshabenden weitestgehend Hitlers Ansichten über das jüdische und slawische Volk teilten.

Die beiden südlichen Regionen der Ukraine wurden vollständig dem rumänischen Staat einverleibt – die nördliche Bukowina (mit Tscherniwzi) und der bessarabische Süden. Andere Regionen im Südwesten der Ukraine zwischen dem Südlichen Bug und dem Dnister, einschließlich der Stadt Odesa, wurden Teil von Transnistrien. Formal gesehen getrennt vom rumänischen Staat, zählte diese Einheit dreizehn Bezirke oder Kreise, geleitet von dem Gouverneur Gheorghe Alexianu. In Transnistrien gab es über 200 Ghettos, Konzentrationslager und Straflager. Die tödlichsten davon, in denen rumänische, ukrainische und deutsche Polizisten Massenerschießungen von Juden und Jüdinnen durchführten, befanden sich im Bezirk Holta in Akmechetka, Bohdaniwka und Domaniwka.

Juden, Roma und psychiatrische Patienten

Die Opfer des Naziregimes waren hauptsächlich Juden, Roma, psychiatrische Patienten und Kriegsgefangene. Vor dem Beginn des Zweiten Weltkriegs waren rund fünf Prozent der Bevölkerung der ukrainischen Sowjetrepublik jüdischer Abstammung. Bis Mitte 1941 lebten etwa 2,7 Millionen Juden auf dem Territorium der heutigen Ukraine (international anerkannte Grenzen von 2016). Während Deutschland einen Krieg gegen die Sowjetunion führte, kam ein gewaltiger Anteil von ihnen, rund eine Million, ebenso durch die Hände der Deutschen um wie durch Rumänen, Ungarn, Ukrainer und andere. Etwa sechzig Prozent der jüdischen Bevölkerung, die vor dem Krieg in den Gebieten lebte, wurden umgebracht. Rund 900 000 Juden flohen oder wurden in den Osten evakuiert, hauptsächlich aus den industrialisierten Gebieten am Dnipro und im Donbas. Im Gegensatz dazu wurden in den westlichen Gebieten der Ukraine die jüdischen Gemeinden von Galizien, Wolhynien und Podolien fast vollständig ausgelöscht. In Ostgalizien überlebte nur ein kleiner Anteil der jüdischen Bevölkerung, in Wolhynien sogar noch weniger. Insgesamt überlebten nur rund 100 000 Juden in der Ukraine unter der Naziherrschaft.

Kurz nach der Invasion, die Ende Juni 1941 begann, wurde bereits ein großer Teil der jüdischen Bevölkerung umgebracht. Dazu gehörten gesunde Männer (Anfang Juli), Juden unter den Kriegsgefangenen (Mitte Juli) sowie Frauen und Kinder (Ende August). Einzelne SS-Offiziere hatten mit Erschießungen jüdischer Frauen und Kinder begonnen, aber in der Regel wurden diese von oben angeordnet, vor allem durch Friedrich Jeckeln, Höherer SS- und Polizeiführer. Es ist nicht allgemein bekannt, dass rumänische Einheiten zunächst sogar noch radikaler handelten als deutsche. Als sich die Deutschen anfangs auf jüdische Männer konzentrierten, erschossen die rumänischen Invasoren in bukowinischen und bessarabischen Siedlungen nicht nur jüdische Männer, sondern auch Frauen und Kinder.

Pogrome lassen sich als spontane oder scheinbar spontane Akte antijüdischer Gewalt durch die lokale Bevölkerung definieren. Sie brachen im Juni und Juli 1941 aus, kurz nach dem Beginn der deutschen Invasion, in Regionen der Westukraine, die weniger als zwei Jahre zuvor von der Sowjetunion besetzt worden waren. Tausende Juden wurden in Pogromen an vielen Orten getötet, unter anderem in Lwiw und Ternopil. Die hauptsächliche Verantwortung dafür lag bei den Invasoren, die derartige Pogrome wollten und unterstützten.

Dennoch waren auch radikale ukrainische Nationalisten beteiligt. So besetzten etwa die Deutschen Lwiw am 30. Juni 1941 und Unterstützer von Stepan Banderas Organisation Ukrainischer Nationalisten erklärten den Menschen in einer Proklamation, dass „Moskau, Polen, die Ungarn und die Juden unsere Feinde [sind]. Zerstört sie!" Am nächsten Tag begann ein Pogrom mit allen möglichen Tätern, das in der Erschießung Hunderter Juden und Jüdinnen durch die Deutschen ihren Höhepunkt fand.

Nach den Pogromen fanden in der Ukraine rund 2000 Aktionen statt, bei denen große und kleine Gruppen von Juden durch Deutsche ermordet wurden. Der Übergang zu massenhaften Erschießungen erfolgte mit atemberaubender Geschwindigkeit. Ein wichtiger Wendepunkt, an dem klar wurde, dass die Deutschen ganze jüdische Gemeinden umbringen würden, war die Massenerschießung von rund 23 600 Juden in Kamjanez-Podilskyj, einer Stadt in der Nähe der polnisch-rumänischen Grenze vor 1939.

Kyjiw wurde die erste Großstadt Europas, in der praktisch alle jüdischen Bewohnerinnen und Bewohner mit einem Schlag ermordet wurden, hauptsächlich am 29. und 30. September 1941. Weniger als eine Woche später explodierten Minen, die vom abziehenden NKWD und von der Roten Armee gelegt worden waren, und entfachten ein Feuer, das den Großteil des Stadtzentrums zerstörte.

Rumänische Besatzer und ihre deutschen Helfer ermordeten rund 25 000 der etwa 90 000 Juden in Odesa an zwei Tagen im Oktober 1941, nachdem eine sowjetische Mine einen rumänischen General und 128 Offiziere und Soldaten getötet hatte. Auch deutsche Offiziere und Soldaten kamen dabei ums Leben, und so waren an der Mordaktion auch Deutsche beteiligt.

In der gesamten Ukraine wurden jüdische Ghettos eingerichtet. In Ostgalizien und Wolhynien mussten Juden isoliert von der slawischen Bevölkerung leben, und das Betreten und Verlassen war nur mit Zustimmung der Besatzungsmacht erlaubt. Neben den Ghettos gab es eine große Anzahl von Zwangsarbeitslagern, in denen zunächst einheimische Juden und dann die jüdische Bevölkerung, die aus Transnistrien abgeschoben wurde, untergebracht waren.

In der zweiten Hälfte des Jahres 1942 gab es eine zweite und letzte Welle von Massenerschießungen, die sich vom Osten in den Westen der Ukraine zog und bei der die übrigen Juden ermordet wurden. Aus Ostgalizien wurden Juden und Jüdinnen auch ins Todeslager von Belzec deportiert und dort vergast.

Wachsende internationale Aufmerksamkeit für die Erschießungen und abnehmende Aussichten auf einen Sieg der Deutschen sorgten dafür, dass die Nazis die Beweise beseitigen wollten – die Leichen der Ermordeten. Das Sonderkommando zwang Gefangene dazu, Massengräber mit den jüdischen (und nicht jüdischen) Opfern auszuheben.

Die Roma der Ukraine wurden ebenfalls aus rassistischen Gründen vernichtet. Nur wenig ist über diese Geschichte bekannt. Sie muss erst noch geschrieben werden. In der Südukraine, auch auf der Krim, wurden sesshafte Roma ab Herbst 1941 erschossen.

Auch psychiatrische Patienten wurden systematisch ermordet. In Kyjiw beispielsweise wurden fast 800 von ihnen erschossen oder vergast und in der Nähe von Babyn Jar begraben.

Kriegsgefangene

Die andere große Gruppe, die den Massakern der Deutschen zum Opfer fiel, waren sowjetische Kriegsgefangene, eine Bezeichnung, die irreführend sein kann. Manche dieser Gefangenen sahen sich selbst nicht als „sowjetisch"; zu ihnen gehörten tatsächlich viele, die formal gesehen keine Soldaten waren, dafür aber Angehörige der NKWD-Truppen, der Opoltschenije, der Eisenbahnarbeiter und der Zivilisten, die Befestigungsanlagen bauten.

Französische, US-amerikanische und kanadische Militärs in deutscher Gefangenschaft, selbst wenn sie jüdischer Abstammung waren, überlebten mit großer Wahrscheinlichkeit den Zweiten Weltkrieg. In krassem Gegensatz dazu stehen die 2,8 bis 3 Millionen Menschen, die als sowjetische Kriegsgefangene angesehen werden, die in deutscher Gefangenschaft in der Ukraine und darüber hinaus ums Leben kamen, ein Drittel davon in der Nähe der Front. (Die Zahlen, die spezifisch die Ukraine betreffen, sind besonders schwierig festzustellen.)

Fast immer wurden die jüdischen Menschen unter den Gefangenen sofort erschossen. Unterdessen konnte man aus Naziperspektive den „slawischen Untermenschen" einen gewissen Nutzen abgewinnen. Deshalb wurden die Kriegsgefangenen, die man als Ukrainer identifizierte, häufig freigelassen, insbesondere im Jahr 1941. Inoffizielle Rotkreuzgesellschaften spielen bei diesen Freilassungen eine wichtige Rolle. Aber viele Soldaten der Wehrmacht vermuteten offensichtlich, dass der Bolschewismus, die „teuflische" Ideologie und die politische Partei, die angeblich vom „Judentum" gegründet worden waren, unwiederbringlich alle Soldaten „infiziert" habe, die sie Russen nannten, ungeachtet ihrer tatsächlichen ethnischen Zugehörigkeit. In dieser nazifizierten Denkweise waren derartige „Russen" entweder überflüssig oder gefährlich.

Nicht nur Richtlinien und Befehle ermöglichten diese Betrachtungsweise – wie etwa der „Kommissarbefehl", wonach Politkommissare der Roten Armee nicht als Kriegsgefangene behandelt werden sollten, sondern ohne Feststellung einer besonderen Schuld zu erschießen waren. Auch der Rassismus schuf ein eindeutiges Szenario: die absichtliche Vernichtung der meisten Kriegsgefangenen. Hunger, Misshandlungen und Erschießungen der „russischen" Kriegsgefangenen sind nicht einzig und allein auf Rassismus zurückzuführen. Aber dieser Faktor ermöglichte sie.

Viele der Gefangenen mussten über Durchgangslager nach Westen zu Dauerlagern marschieren, oft über sehr weite Entfernungen. Diese Märsche werden als Todesmärsche bezeichnet, denn deutsche (und ungarische) Begleittruppen erschossen Fliehende und Nachzügler. Meistens hielten sie die ansässige Bevölkerung davon ab, den Gefangenen zu essen und zu trinken zu geben. Da die Ernte im Jahr 1941 sehr gut war, hatten die deutsche Führung und die einheimische Bevölkerung mehr als genug zu essen. Letztere versuchte unbeirrt, einen Teil davon an die Gefangenen weiterzugeben, aber die deutschen Befehlshaber wollten, dass möglichst viele Gefangene starben, und deswegen ließen sie eine große Anzahl von ihnen absichtlich hungern. Es wurde als „fehlgeleitete Menschlichkeit" denunziert, die nicht arbeitsfähigen Kriegsgefangenen mit Essen zu versorgen. Lagerwachen schossen oft auf Zivilisten, die versuchten, den Gefangenen zu helfen. Hätte man diese Zivilisten nicht daran gehindert, hätten die Begleittruppen etwas menschlicher gehandelt, so hätten Hunderttausende Leben gerettet werden können.

Wenn Gefangene nicht durch Freilassung oder Flucht entkommen konnten, bestand ihre einzige Überlebenschance darin, tagsüber außerhalb des Lagers arbeiten zu dürfen. Fluchtversuche wurden von sowjetischen Kriegsgefangenen täglich unternommen, während der Märsche, in den Lagern oder an den Arbeitsorten. Oft wurden sie durch außenstehende Fluchthelfer unterstützt.

Stadt- und Landbevölkerung

Bauern, die keinem sowjetischen Landwirtschaftskollektiv angehörten, mussten deutschen Nachfolgebetrieben, den „Gemeinschaftsbetrieben", beitreten. Alle Familienmitglieder mussten dort arbeiten, sogar – anders als vor 1941 – Frauen mit kleinen Kindern.

Die Regeln zur Dauer dieser Arbeit wurden immer strenger. Maschinen- und Traktorenstationen waren oft die Zentrale für die Leitung der Höfe. Die Aufseher – Deutsche, Holländer, aber offensichtlich auch Einheimische – waren häufig niederträchtig und zwangen die Bauern auch an wichtigen Feiertagen zur Arbeit.

Am schlimmsten war, dass die Deutschen die Bauern und Bäuerinnen für Kleinigkeiten misshandelten, wie etwa, wenn sie nicht anständig grüßten, dies nicht gleich taten oder die Hände in den Hosentaschen beließen.

Viele Bauern verfügten im Durchschnitt in den zwei bis drei Jahren unter deutscher Herrschaft über mehr Lebensmittel als unter sowjetischer Herrschaft. Das war hauptsächlich deshalb so, weil sie ihre Gärten gut bestellten und weil für einige Zeit das deutsche System der Überwachung und Beschlagnahmung weniger effizient war als unter den sowjetischen Vorgängern. Das Hauptproblem für die Bauernbevölkerung bestand jedoch darin, dass in den kollektiven Höfen vollständige Knechtschaft herrschte. Aufgrund der Misshandlungen und der Gewalt waren die meisten Bauern sich ihres Lebens nicht mehr sicher, sobald ein Deutscher in ihre Nähe kam. Außerdem wussten Mädchen und Frauen, dass sie festgenommen und irgendwo in einem Armeebordell eingesperrt werden konnten.

Terror und Hunger waren die Begleiter im täglichen Leben. In den Städten konnten Passanten gezwungen werden, die öffentlichen Erhängungen von sogenannten Saboteuren oder Juden mitanzusehen. Die Bewohner großer Städte konnten auch beobachten, wie Gaswagen vorbeirasten. Man nannte sie mobile Gaskammern, von denen jede fünfzig Gefangene fassen konnte. Sie waren die „duschehubkas" – die Zerstörer der Seele.

Von den vielen Hinrichtungsstätten hörte man Schüsse bis zum Ende der Naziherrschaft. Dazu gehörte auch Babyn Jar. Stadtbewohner erlebten ständig offenen Rassismus. Die Deutschen standen niemals in einer Warteschlange und hatten in der Straßenbahn immer einen Sitzplatz. Es gab Beleidigungen („russisches Schwein!") ebenso wie weit verbreitete „informelle" und offizielle Misshandlungen, selbst für harmlose Missverständnisse. Auch Intellektuelle hatten es schwer. So wurden etwa Anfang 1942 alle höheren Bildungseinrichtungen im Reichskommissariat geschlossen.

Im Winter 1941 herrschte auf der Krim eine große Hungersnot, in der Hunderte, wenn nicht Tausende Zivilisten und Kriegsgefangene verhungerten. In Kyjiw und Charkiw wurden viele Menschen willkürlich ausgehungert. Die Hungersnöte wurden von den deutschen Behörden inszeniert, um die Menschen, die man für nutzlos oder gefährlich hielt, zu eliminieren. In diesen Städten gab es eigentlich genug zu essen, selbst Ende 1941; dementsprechend waren die Bauern gern bereit, ihre reiche Ernte zu tauschen. Es wurden aber Polizeisperren errichtet mit dem Zweck, „überschüssige" Nahrungsmittel zu konfiszieren. Oft wurde alles konfisziert, wenn nicht große Summen Schmiergeld bezahlt wurden. Bauern und Stadtbewohner wurden auch oft daran gehindert, die Städte zu betreten oder zu verlassen. Im Juli 1942 etwa verbot Generalkommissar Waldemar Magunia den „freien" oder „illegalen" Handel mit Lebensmitteln in Kyjiw. Obwohl es sich um keine Generalblockade handelte, kostete diese Anordnung viele Menschenleben.

Die Zahl der Hungertoten in Kyjiw unter deutscher Besatzung betrug wohl knapp 10 000. Aber Hunger war nicht der einzige Grund für die Abnahme der Stadtbevölkerung in weniger als zwei Jahren von geschätzten 400 000 im Oktober auf 300 000 im Jahr 1942. Flucht, Deportationen nach Deutschland und Erschießungen durch die Nazis spielten bei der rapiden Abnahme der Bevölkerung ebenfalls eine Rolle.

Für lange Zeit verlief die Front nur fünfzig Kilometer außerhalb der Stadt Charkiw in der Ostukraine. Obwohl es sich um die größte Stadt handelte, die jemals von den Deutschen besetzt wurde, zählte sie weniger als 500 000 Einwohner. Die Deutschen herrschten von Oktober 1941 bis August 1943 (außer vier Wochen Anfang 1943), und der Stadtkommandant forderte „extreme Strenge" im Umgang mit den Einheimischen. Er hatte, wie er in Briefen schrieb, „absolut kein Interesse" daran, ihnen etwas zu essen geben zu lassen.

Mindestens 30 000 Charkiwer verhungerten. In keiner anderen europäischen Stadt unter der Besatzung der deutschen Wehrmacht verhungerten so viele Menschen, die keine Juden waren.

Deportationen nach Deutschland

Anfang des Jahres 1942, nach den Massenerschießungen ukrainischer Juden und Roma und einem Hungerwinter für Gefangene und Stadtbewohner, starteten die deutschen Besatzungsmächte eine Kampagne zur Rekrutierung von Arbeitern und Arbeiterinnen für die Fabriken und landwirtschaftlichen Betriebe im Deutschen Reich. Sie hatten vor dem Krieg keine solche Kampagne geplant, aber nun bestand Bedarf, den unerwarteten Arbeitermangel in Großdeutschland zu mildern. Die Familienmitglieder der „Ostarbeiter", wie man sie im Reich nannte, erhielten etwas finanzielle Unterstützung. Nachdem sich die Nachrichten über die schlechten Arbeitsbedingungen in Deutschland verbreitet hatten, hatten viele Ukrainer und Ukrainerinnen Angst, dorthin geschickt zu werden. Um den Anforderungen nicht zu genügen, verstümmelten sich viele von ihnen selbst. Viele waren überzeugt davon, dass sie in Deutschland sterben würden, entweder vor Hunger oder unter den Bomben der Alliierten. Sie zweifelten auch daran, dass die Deutschen nur Juden und Roma umbrachten. Zeitgenössische Lieder und Sprüche über die Deportationen drückten tiefe Traurigkeit aus.

Als sich keine Freiwilligen mehr meldeten, sandten die Deutschen Truppen aus, um Deportationen durchzuführen. Die lokalen Verwaltungen wurden mit dem Tod bedroht, wenn sie nicht die geforderte Anzahl von Rekruten bereitstellten. An einem Tag Ende 1942 mussten die einheimischen Behörden nicht nur eine bestimmte Zahl von Menschen „liefern", sondern einfach alle Menschen einer bestimmten Altersgruppe. Es waren nicht nur deutsche Polizisten, sondern die Vorsteher des Rajons (Kreises – Anm. d. Red.), Bürgermeister und Hilfspolizisten, die Menschen für die Deportationen festnahmen. Menschenansammlungen auf dem Marktplatz wurden zu einem häufigen Phänomen. Wer versuchte, zu fliehen, der wurde erschossen. Auf dem Land ging die Polizei einfach von Haus zu Haus.

Immer noch nicht befriedigt, verhängte die Besatzungsmacht immer härtere Maßnahmen und befahl, etwa im Generalbezirk Wolhynien-Podolien, die Häuser jener anzuzünden, die sich weigerten mitzukommen, und deren Familienangehörige als Geiseln festzunehmen. Ganze Dörfer gingen in Flammen auf. Das Besteigen der Deportationszüge führte ebenfalls zu höchst gewalttätigen und emotionalen Szenen.

Bald jedoch warnten immer mehr Hilfspolizisten die Einheimischen vor bevorstehenden Festnahmen, weil abzusehen war, dass Deutschland den Krieg verlieren würde.

Statistisch gesehen wurde einer von vierzig Bewohnern des Reichskommissariats und des rückwärtigen Heeresgebiets der Heeresgruppe Süd bis August 1943 deportiert. Letzten Endes wurden 1,5 Millionen Menschen in das „Dritte Reich" deportiert. Es handelte sich hauptsächlich um Dorfbewohner und Dorfbewohnerinnen, aber letztlich betrafen die Deportationen fast alle Familien in der Ukraine.

Helfer

Im Reichskommissariat, in der „ukrainischen Behelfsbehörde", wie sie weithin genannt wurde, leiteten ukrainische Bürgermeister, Bezirksleiter und Dorfälteste die Verwaltungen. Diese Persönlichkeiten spielten auch unter der Naziherrschaft eine wichtige Rolle, weil der Angreifer nicht ausreichend über die lokalen Angelegenheiten Bescheid wusste. Aber es gab kein Gremium, das die ukrainische Gesamtbevölkerung repräsentierte. In diesem Sinn erging es den Ukrainern in Galizien besser, denn sie verfügten über einen örtlichen Zweig des ukrainischen Zentralkomitees mit Sitz in Krakau unter der Leitung von Wolodymyr Kubijowytsch.

Die frühesten Polizeiformationen, insbesondere in der westlichen Ukraine, traten als Milizen ohne deutsche Teilnahme gleich nach dem Beginn der Invasion auf. Nach einer Weile reduzierten die Einsatzgruppen beziehungsweise die deutsche Armee die Größe dieser Milizen, nicht zuletzt indem sie viele Mitglieder der Organisation Ukrainischer Nationalisten (OUN) ausschlossen. Es gab aber dennoch im Reichskommissariat rund 80 000 Hilfspolizisten – viermal mehr als deutsche Polizisten.

Diese Hilfspolizisten spielten eine Schlüsselrolle bei der Einschüchterung, Misshandlung, Plünderung, Festnahme, Bewachung und manchmal sogar bei der Ermordung der jüdischen Bevölkerung. Sie brachten außerdem regelmäßig Juden vom Land in die großen Städte zum Verhör; darauf folgte in der Regel deren Ermordung. Wo immer es Ghettos gab, wurden sie meist von diesen Polizisten bewacht und geplündert. Ein trauriger Höhepunkt ihrer Teilnahme am Holocaust lag in der zweiten Hälfte des Jahres 1942, als Hilfspolizisten die Opfer zu den Hinrichtungsstätten trieben und bei Erschießungen Wache standen.

Dass die OUN an diesen Aktionen teilnahm, sei es die Gruppierung unter der Führung von Stepan Bandera (OUN-B) oder die Gruppierung unter der Führung von Andrij Melnyk (OUN-M), bleibt ein dunkles Kapitel; ihre Verstrickung ist noch lange nicht vollständig erforscht. Ein Beispiel ist das große Bukowiner Bataillon.

Diese Einheit bestand aus Tausenden Ukrainern der OUN-Gruppierung um den Anführer Andrij Melnyk, der Anfang August 1941 die Bukowina verließ, um sich in Kyjiw oder andernorts in der Ukraine niederzulassen. Manche Autoren bezweifeln, dass Männer und Frauen des Bukowiner Bataillons sich während des Massakers von Babyn Jar in Kyjiw aufgehalten haben – und behaupten deshalb, dass diese dort in keinster Weise beteiligt gewesen sein können.

Die Beziehung zwischen den Deutschen und den ukrainischen Nationalisten verschlechterte sich schnell. Zunächst, im Sommer 1941, kam es zu Verfolgungen der OUN-B, vor allem weil die Teilgruppe sich weigerte, ihre Ausrufung eines ukrainischen Staates (am 30. Juni 1941 in Lwiw) zurückzunehmen. Die OUN-M, die insbesondere in Kyjiw aktiv war, wurde ebenfalls unterdrückt. Dennoch hielt man sich die Möglichkeit einer Kollaboration mit Deutschland offen.

Partisanen

Die OUN-B brach mit Deutschland Anfang 1943, nachdem in Zentral- und Südwolhynien eine große ukrainische Partisanenarmee (UPA) aufgestellt worden war. Die Historiker sind sich insgesamt einig darin, dass auch die UPA Massaker an unschuldigen Zivilisten begangen hat, wie so viele andere Partisanenarmeen in Europa während des Zweiten Weltkriegs, in diesem Fall hauptsächlich an Polen. Die sowjetischen Partisanen führten ebenfalls groß angelegte Sabotageakte durch und waren an zahlreichen Morden beteiligt, nicht nur an der Ermordung von Deutschen. Die ukrainische Einheit des NKWD hatte das offizielle Ziel, das „faschistische Regime" systematisch auszumerzen, das sich in der Ukraine etabliert hatte. Die sowjetischen Partisanen schienen den Folgen ihrer Handlungen für die Einheimischen wenig bis keine Aufmerksamkeit zu schenken.

Die vorherrschende deutsche Reaktion auf die Aktivitäten der Partisanen war das Morden und Brandschatzen, mit umsichtiger Planung und schrecklicher Präzision. Rund 50 000 Menschen wurden Opfer beim Niederbrennen von Dörfern, im Speziellen im Norden der Ukraine, wo im Schutz der dichten Wälder viele Partisanen kämpften. Die Deutschen zerstörten mehr als 300 Dörfer vollständig oder teilweise. Eine der ersten dieser Vernichtungsaktionen betraf das Dorf Kortelisy in der Nähe von Ratne im Gebiet Polissja. Am 23. September 1943 wurde das Dorf von Hilfspolizisten und einer deutschen Polizeitruppe mit Sitz in Brest-Litowsk (hauptsächlich mit Polizisten aus Nürnberg) umstellt. Nach dem Aufruf, dass sich alle, auch die Kinder, aufzustellen hätten, erschossen sie fast 2900 Bewohner mit Maschinengewehren und -pistolen, ertränkten sie oder erstachen sie mit Bajonetten.

Im Februar 1943 griffen sowjetische Partisanen unter der Führung von Oleksiy Fedorow die Garnison in der Kleinstadt Korjukiwka in der Region Tschernihiw an und versuchten, Geiseln zu befreien. Die Garnison bestand aus deutschen Soldaten, Ungarn und hauptsächlich Hilfspolizisten. In der schrecklichen Revanche, die darauf am 1. und 2. März folgte, wurde fast die gesamte Bevölkerung der Siedlung ausgelöscht. Die Überlebenden wurden am 9. März umgebracht. Korjukiwka wurde ein Aschehaufen mit den Überresten Tausender Menschen. Das war nur eine Gruppe unter den vielen, die infolge der Nazibesatzung in der Ukraine ihr Leben lassen mussten.

Aus dem Englischen von Ingrid Müller.

Dieser Text ist eine übersetzte Fassung von Karel Berkhoffs "Ukraine under Nazi rule" aus dem Buch von Vladyslav Hrynevych und Paul Robert Magocsi (Hrsg): „Babyn Yar: history and memory", Dukh i Litera, Kyjiv 2016. Die Rechte liegen bei dem Verlag Dukh i Litera. Die Verwendung erfolgt mit freundlicher Genehmigung des Verlages und des Autors.

Quellen:

Amar, Tarik Cyril: „The Paradox of Ukrainian Lviv: A Borderland City between Stalinists, Nazis, and Nationalists" Cornell University Press, Ithaca, NY 2015.

Angrick, Andrej: „Besatzungspolitik und Massenmord: die Einsatzgruppe D in der südlichen Sowjetunion 1941-1943", Hamburger Edition, Hamburg 2003.

Berkhoff, Karel C.: „Harvest of Despair: Life and Death in Ukraine under Nazi Rule", The Belknap Press of Harvard University Press, Cambridge, MA 2004.

Berkhoff, Karel C.: „The Holocaust in Ukraine", EHRI Online Course in Holocaust Studies, European Holocaust Research Infrastructure, https://training.ehri-project.eu/unit/3-holocaust-ukraine

Dereiko, Ivan: „Mistsevi formuvannia nimets'koï armiï ta politsiï u Raikhskomisariati ‚Ukraïna' (1941-1944 roky)", Instytut istoriï Ukraïny NAN Ukraïny, Kyjiw 2012.

Gogun, Alexander: „Stalin's Commandos: Ukrainian Partisan Forces on the Eastern Front", I. B. Tauris, London 2015.

Haivas, Iaroslav: „Koly kinchalasia epokha", 1964.

Haivas, Iaroslav: „V roku nadii i beznadii: zustrichi i rozmovy z O. Ol'zhychem v rokakh 1939-1944", in: Kalendar-al'manakh Novoho Shliakhu 1977, S. 100-127, Toronto 1977.

Il'iushyn, Ihor: „Ukraïns'ka Povstans'ka Armiia i Armiia Kraiova: protystoiannia v Zakhidnii Ukraïni (1939-1945 rr.)", Kyievo-Mohylians'ka akademiia, Kyjiw 2009.

Lower, Wendy: „Nazi Empire-Building and the Holocaust in Ukraine", University of North Carolina Press, Chapel Hill, NC 2005.

Malakov, Dmytro: „Oti dva roky...: u Kyievi pry nimtsiakh", Amadei, Kyjiw 2002.

Mick, Christoph: „Lemberg, Lwów, L'viv, 1914-1947: Violence and Ethnicity in a Contested City", Purdue University Press, West Lafayette, IN 2015.

Patryliak, I. K. und Boryvyk, M. A.: „Ukraïna v roky Druhoï svitovoï viiny: sproba novoho kontseptual'noho pohliadu", PP Lysenko M.M., Nizhyn 2010.

Penter, Tanja: „Kohle für Stalin und Hitler: arbeiten und Leben im Donbass 1929 bis 1953", Klartext Verlag, Essen 2010.

Pohl, Dieter: „Die Herrschaft der Wehrmacht: deutsche Militärbesatzung und einheimische Bevölkerung in der Sowjetunion 1941-1944", R. Oldenbourg Verlag, München 2008.

Rossoliński-Liebe, Grzegorz: „Stepan Bandera: The Life and Afterlife of a Ukrainian Nationalist. Fascism, Genocide, and Cult", Ibidem, Stuttgart und Hannover 2014.

Skorobohatov, A.V.: „Kharkiv u chasy numets' koï okupatsiï (1941-1943)", Prapor, Kharkiv 2004.

Struve, Kai: „Deutsche Herrschaft, ukrainischer Nationalismus, antijüdische Gewalt: Der Sommer 1941 in der Westukraine" De Gruyter Oldenbourg, München 2015.

Stepan Bandera – zum historischen und politischen Hintergrund einer Symbolfigur

von Wilfried Jilge

Eine der zentralen Thesen der russischen Geschichtspropaganda in der Ukrainekrise lautet, die *banderowzy,* das heißt russophobe Radikalnationalisten, Antisemiten oder „radikal-neonazistische Gruppen" wie der „Rechte Sektor" und die radikalnationalistische Partei *Swoboda* seien die entscheidenden Kräfte hinter den Protesten auf dem Maidan gewesen; sie hätten in einem faschistischen Putsch am 21./22. Februar 2014 den Machtwechsel in Kyjiw herbeigeführt. Als Faktor der Selbstverteidigung des Maidans spielte der „Rechte Sektor" während der gewaltsamen Endphase der Maidan-Proteste in der Tat eine Rolle, und die *Swoboda* war als kleinste Partei im Bündnis der parlamentarischen Opposition vertreten. Sie haben jedoch die Agenda der Proteste nie dominiert und sind bei den Präsidenten- und Parlamentswahlen chancenlos geblieben. Die Wirkung des Stereotyps von den banderowzy in der russischen Öffentlichkeit verdankt sich der Präsenz des sowjetischen Mythos vom „Großen Vaterländischen Krieg" in der Geschichtspolitik und Erinnerungskultur des heutigen Russlands. Er bildet eines der zentralen Elemente des vom russischen Präsidenten Putin propagierten Patriotismus. In dem propagandistisch genutzten sowjetischen Kriegsgeschichtsbild zählten die *banderowzy* zu den Hauptfeinden des sowjetischen Staates.

Der ukrainische Politiker Stepan Bandera stand an der Spitze der 1940 gespaltenen Organisation Ukrainischer Nationalisten (OUN), die während des Zweiten Weltkriegs Widerstand gegen die sowjetische Besetzung der Westukraine leistete und in verschiedenen Perioden mit dem nationalsozialistischen Deutschland zusammenarbeitete. In der sowjetischen Geschichtsauffassung werden Bandera und die OUN vor allem mit Verbrechen und Terror gegen die „friedliche sowjetische Bevölkerung" assoziiert und als reine Marionetten der Deutschen präsentiert. Auf dieser Grundlage stellen staatlich gelenkte russische Medien eine Analogie zwischen dem Einmarsch der deutschen Wehrmacht im Sommer 1941 und den Protesten auf dem Kyjiwer Maidan her: Die „neuen banderowzy" in Kyjiw sind aus dieser Sicht Kollaborateure der USA und der Europäischen Union, die sich gegen russischsprachige Menschen und überhaupt gegen alles Russische wenden.

Das Stereotyp von den *banderowzy* erfüllt aber noch eine viel wichtigere Funktion: Es soll die eigenständige ukrainische Nation und die von ihr in freier Selbstbestimmung angestrebte europäische Integration diskreditieren. Zu diesem Zweck wird in den populärwissenschaftlichen Monografien, die in Russland 2014 zum Thema Bandera und russisch-ukrainische Beziehungen erschienen sind, auf eine leicht modifizierte Deutung des Vertrages von Perejaslaw aus dem Jahre 1654 zurückgegriffen.

1648 hatte der Aufstand der ukrainischen Kosaken gegen die polnische Adelsherrschaft begonnen. Ihr bedrängter Anführer, der Hetman Bohdan Chmelnyzkyj (ca. 1595–1657), wandte sich schließlich mit einem Hilfsgesuch an den Zaren, um die Autonomie der von ihm seit 1648/49 etablierten kosakischen Staatlichkeit zu sichern. 1654 sprach sich eine Versammlung der Kosaken in Perejaslaw für die Unterordnung unter den Zaren aus und schwor ihm den Treueeid. Die Deutung des Vertrages von Perejaslaw ist bis heute umstritten. Einige ukrainische Historiker betonen, dass es sich dabei um ein kündbares Militärbündnis zweier Staaten auf der Basis von Gleichberechtigung gehandelt habe. Russische Historiker hingegen verstehen den Vertrag meist als Eingliederung der Ukraine ins Moskauer Reich.

Während im nationalukrainischen Geschichtsbild die Ära von Chmelnyzkyjs Kosakenstaatlichkeit als „Goldenes Zeitalter" und Ausdruck ukrainischer Eigenständigkeit gilt, ist Perejaslaw für die hier relevante sowjetische Historiografie das Symbol der „Wiedervereinigung der Ukraine mit Russland", die dann im „Großen Vaterländischen Krieg" endgültig gefestigt worden sei. Im Rahmen der aufwendig inszenierten, monatelangen Staatsfeiern zum 300. Jahrestag des Vertrags wurde 1954 die Halbinsel Krim in die Ukrainische Sowjetrepublik eingegliedert. Perejaslaw wurde als Sinnbild der unverbrüchlichen Freundschaft von Ukrainern und Russen zelebriert und als Zeichen der wiedererlangten Einheit der ostslawischen Brüdervölker (Russen, Ukrainer, Belarusen) nach dem Zerfall der Kyjiwer Rus, dem Ende des vermeintlich einheitlichen „altrussischen Volkstums".

Zementierte der Mythos von Perejaslaw vor 1991 die Zugehörigkeit der Ukrainer zur Sowjetunion an der Seite des „großen russischen Bruders", so dient die Argumentation in der russischen Geschichtspolitik heute der Vorstellung von Russen und Ukrainern als „Brüdern in Blut und Glaube" und der Legitimation einer „natürlichen" Integration in die von Russland geführte „russische Welt" (russkij mir). In diesem Sinne wird in einem jüngst erschienenen russischen Buch zu Stepan Bandera konstatiert, dass es „zwei Ukrainen" gebe: Eine „echte Ukraine, die Ukraine des Rates von Perejaslaw […] und der slawischen Bruderschaft, die einig mit Russland" sei, sowie eine „prowestliche, russophobe Ukraine", „mit der wir in der Vergangenheit nicht nur einmal kämpfen mussten". Und wenn sich, so der Autor weiter, „die banderowzy an der Macht halten, ist es nicht ausgeschlossen, dass man in Zukunft wieder kämpfen muss".

Tatsächlich waren die OUN und ihr von Stepan Bandera angeführter Flügel an Verbrechen beteiligt. Reine Marionetten der Deutschen waren sie aber keineswegs: Ihr oberstes Ziel war stets die Errichtung eines ukrainischen Staates, was deutschen Zielen letztlich zuwiderlief. Dass die ultranationalistische Ideologie der OUN nicht von vornherein pauschal mit dem deutschen Nationalsozialismus gleichgesetzt werden kann, zeigt ein Blick in ihre Geschichte.

Die im Jahr 1929 in Wien vollzogene Gründung der OUN war auch ein Versuch der ukrainischen Vertreter eines „neuen Nationalismus", die richtigen Konsequenzen aus den gescheiterten ukrainischen Staatsbildungsversuchen der Jahre 1917 bis 1921 zu ziehen. Zu diesen „neuen Nationalisten" zählte auch der aus der Ostukraine stammende Dmytro Donzow (1883–1973), der – ohne formal Mitglied der Organisation zu sein – in den 1920er-Jahren zum wichtigsten Ideologen und

Vordenker des radikalen „integralen Nationalismus" der OUN wurde. Donzow und seine Gefolgsleute kamen zu dem Schluss, dass die Ukrainer noch keine Nation, sondern eine „amorphe Masse" darstellten, die zur Ausübung von Herrschaft noch nicht befähigt sei. Ziel war es daher nicht, eine Nation zu befreien, sondern überhaupt erst zu schaffen. Im Sinne des Voluntarismus Donzows musste die Nationsbildung durch den Willen und die „männlich-heroische" Tat einer nationalistischen Elite vollzogen werden. Damit wendete sich Donzow gegen den „schwächlichen Liberalismus" und legte die Grundlagen für die antidemokratische, antiparlamentarische und autoritäre Ideologie der OUN und ihre streng nach dem Führerprinzip gegliederte hierarchische Struktur. Die OUN lehnte das Parteienwesen ab und verstand sich als überparteiliche Bewegung, in der sich die unterschiedlichen politischen Kräfte der Ukrainer sammeln sollten. Letzteres scheiterte aber am absoluten Machtanspruch der OUN: So wollte sich keine der legalistischen Parteien der Ukrainer in Polen (wo außerhalb der Sowjetukraine die meisten Ukrainer lebten) der Führung der OUN unterordnen.

Der „integrale Nationalismus" der OUN lehnte sich zunächst eng an den italienischen Faschismus an. Ihr wichtigstes politisches Ziel war die Errichtung eines autoritär verfassten und berufsständisch gegliederten ukrainischen Staates. Dem Ziel der Staatlichkeit wurden alle anderen Ziele untergeordnet.

Die Mitglieder der OUN verstanden sich als Avantgarde, deren Kader auf der Basis eines eigenen Staates die Ukrainer und Ukrainerinnen zur Nation heranbilden sollten. Dabei sahen die Protagonisten der OUN im Krieg den einzigen Weg zur Befreiung und staatlichen Eigenständigkeit. Eine friedliche Erfüllung des ukrainischen Selbstständigkeitsstrebens innerhalb der in der Zwischenkriegszeit in Europa herrschenden Machtkonstellation und Friedensordnung war nicht vorstellbar.

Die wichtigsten Grundsätze des „integralen Nationalismus" wurden in den „Zehn Geboten des ukrainischen Nationalisten", dem sogenannten Dekalog, zusammengefasst. Radikaler nationaler Egoismus und Rücksichtslosigkeit gegenüber den Feinden der ukrainischen Nation und ihres künftigen Staates bildeten die Grundlage. Der Dekalog forderte von jedem ukrainischen Nationalisten unbedingte Opferbereitschaft. Dies schloss den gewaltsamen Kampf ein, ohne den aus OUN-Sicht ein ukrainischer Staat nicht zu erringen sei. So ließen sich individueller Terror und Verbrechen moralisch rechtfertigen, wenn diese dem Interesse der ukrainischen Nation dienten.

In den südöstlichen, von Ukrainern bewohnten Gebieten Polens baute die OUN in den 1930er-Jahren eine starke Untergrundorganisation auf. Seit 1930 kämpfte sie mit Terror- und Sabotageakten gegen die polnische Herrschaft. Den Attentaten fiel auch Tadeusz Hołówko zum Opfer, einer der wenigen polnischen Politiker, die sich für die Rechte der ukrainischen Minderheit einsetzten. Der Terror der OUN wendete sich in erster Linie, aber nicht ausschließlich gegen den polnischen Staat und seine Repräsentanten. Er traf beispielsweise auch gemäßigte Ukrainer, (ukrainische) Kommunisten und einen Repräsentanten sowjetischer Einrichtungen in Polen. Der polnische Staat reagierte unter anderem mit einer brutalen „Pazifizierung" ukrainischer Dörfer. Die politische Entwicklung der Ukrainer in Polen muss auch im Lichte der Minderheitenpolitik des polnischen Staates gesehen werden: Er betrieb, wenn auch in den verschiedenen Phasen nicht immer mit gleicher Intensität, eine Politik der Polonisierung gegenüber den Ukrainern, die eine Hinwendung zur OUN begünstigte, insbesondere in den Reihen der unzufriedenen westukrainischen Jugend.

Der Terror der OUN in den 1930er-Jahren schloss Aktionen gegen Juden ein (zum Beispiel das Niederbrennen jüdischer Geschäfte), bei denen auch physische Gewalt angewendet wurde. Der Antisemitismus der OUN in dieser Zeit zeigte sich vorwiegend noch ökonomisch, weniger rassistisch motiviert. In ihrer Sicht dominierte die jüdische Bevölkerung den städtischen Handel und blockierte so die Ausbildung eines ukrainischen Mittelstandes und damit eine vollständige Nationsbildung der Ukrainer. Das antisemitische Stereotyp von „den Juden als Erfüllungsgehilfen der Russen" – oder der Sowjets – war bei Donzow bereits Mitte der 1920er-Jahre angelegt, rückte aber noch nicht in den Vordergrund.

Ihre intensivste politische Aktivität in Polen entfaltete die OUN, als Stepan Bandera Führer der Landesexekutive der OUN in den westukrainischen Gebieten wurde. Der 1909 in dem ostgalizischen Dorf Staryj Uhryniw (heute Gebiet Iwano-Frankiwsk/Ukraine) geborene Stepan Bandera wuchs als Sohn eines griechisch-katholischen Pfarrers auf und entstammte der ländlichen ukrainischen Intelligenz. 1929 trat er der OUN bei und stieg im Juni 1932 bereits zum stellvertretenden Landesführer und Referenten für Propaganda auf. Als Landesführer (inoffiziell schon Ende 1932, offiziell seit Juni 1933) trug Bandera Verantwortung für die Attentate der OUN, und unter seiner Führung nahm der Terror der OUN nochmals zu. Bandera befürwortete den individuellen Terror als Teil einer „permanenten Revolution", die die Ukrainer auf eine später zu entfachende „nationale Revolution" vorbereiten sollte. Sie würde schließlich zur Errichtung eines ukrainischen Staates führen. Unter Banderas Verantwortung als Landesführer verübte die OUN ihr spektakulärstes Attentat: die Ermordung des polnischen Innenministers Bronisław Pieracki am 15. Juni 1934 in Warschau.

Zusammen mit anderen Mitgliedern der OUN wurde Bandera in zwei Prozessen in Warschau und Lwiw (ehemals Lemberg) 1935 und 1936 vor Gericht gestellt. Er wurde zum Tode verurteilt, das Urteil wurde jedoch später in eine lebenslängliche Haftstrafe umgewandelt. Sein Auftritt verwandelte bereits den ersten Gerichtsprozess in Warschau, der auf ein großes Medieninteresse stieß, in einen Propagandaerfolg der OUN. Fragen des Richters beantwortete Bandera nicht auf Polnisch, sondern auf Ukrainisch, was unzulässig war. Als er deswegen aus dem Gerichtssaal geführt wurde, leistete er Widerstand und rief Anschuldigungen an die Adresse des polnischen Staates aus. Durch die Gerichtsprozesse wurde Bandera eine der bekanntesten Persönlichkeiten in der Westukraine. Die im Prozess demonstrierte Unbeugsamkeit und ideologische Beharrlichkeit machten ihn zum „Symbol des aufrechten ukrainischen Nationalisten, der die Parole ‚Den ukrainischen Staat erringen oder sterben' personifizierte". Sowohl die Prozesse 1935/36 als auch Banderas Ermordung durch einen sowjetischen Agenten am 15. Oktober 1959 in München bilden wichtige Ausgangspunkte für die Verklärung dieses Politikers zum Sinnbild einer unbezwingbaren Opfernation. Vor allem bei der westukrainischen Jugend war er populär.

Die OUN war nicht in der Lage, aus eigener Kraft einen ukrainischen Staat zu errichten. Der Frage, mit welchem Bündnispartner dieses Ziel erreicht werden könnte, kam daher besondere Bedeutung zu. Bereits in den 1920er-Jahren lieferte Dmytro Donzow mit seiner Denkfigur der „Amoralität" ein Argument, das die Weichen früh in Richtung Deutschland stellte. Im Sinne seiner Russenfeindschaft forderte er, dass das ukrainische Volk mit jedem Gegner Russlands ohne Rücksicht auf dessen politische Ziele zusammenarbeiten könnte. Daraus leitete die OUN schon früh eine entsprechende Präferenz ab, wobei weniger ideologische Verwandtschaft als gemeinsame Interessen den Ausschlag gaben. Als Bündnispartner, von dem eine Änderung des Status quo in Europa ausgehen konnte, kam nach 1933 insbesondere das bis auf taktische Ausnahmen grundsätzlich antipolnisch und antisowjetisch ausgerichtete nationalsozialistische Deutsche Reich infrage. Schon weil Polen neben der Sowjetunion zunächst der Hauptfeind der OUN war, unterhielt die Organisation jedoch auch Kontakte zu Staaten, deren Verhältnis zu Polen angespannt war, wie zum Beispiel zu Litauen und zur Tschechoslowakei.

Affinitäten zwischen der Ideologie der OUN und dem Nationalsozialismus, die später vor allem hinsichtlich Antibolschewismus und Antisemitismus in den Vordergrund rückten, haben die Zusammenarbeit erleichtert. Ende der 1930er-Jahre fand ein rassistisch argumentierender, die Assimilation der Juden ausschließender Antisemitismus Eingang in den ideologischen Diskurs der OUN, und 1940/41 bildete der Antisemitismus in Form des Stereotyps vom „jüdischen Bolschewismus" (auch „Judenkommune") einen festen Bestandteil von Ideologie und Politik der OUN.

Was das Verhältnis der OUN zu den Deutschen angeht, so konzentriere ich mich auf einen Höhepunkt der komplexen Kollaborationsgeschichte: die Zusammenarbeit des von Bandera geführten Flügels der OUN mit NS-Deutschland 1940/41.

Nach der Ermordung ihres Führers Jewhen Konowalez durch den sowjetischen Agenten Sudoplatow im Mai 1938 kam es innerhalb der OUN zu Konflikten und im Jahre 1940 zur Spaltung der Organisation. Der eine, von Oberst Andrij Melnyk geführte Flügel (OUN-M) repräsentierte eher die ältere Generation der OUN, die Emigranten; der andere Flügel (OUN-B) hatte seine Basis in der Westukraine und im deutsch besetzten Polen und wurde von Stepan Bandera geführt. Im Hinblick auf die Ideologie existierten keine nennenswerten Unterschiede. Beide Flügel arbeiteten mit den Deutschen zusammen. Die OUN-M kooperierte unter anderem mit den deutschen Polizeikräften, die OUN-B primär mit der deutschen Wehrmacht, vor allem ihrem Nachrichtendienst, der „Abwehr". Die gegenüber den Deutschen vorsichtiger agierende OUN-M war eher bereit, auf dem Weg zur Staatlichkeit nationale Rückschläge hinzunehmen und sich zunächst auf den Aufbau vorstaatlich-lokaler Strukturen zu beschränken. Die betont aktivistische Bandera-OUN setzte stärker auf eigene Initiative: Direkt nach der Befreiung der ukrainischen Gebiete wollte sie – zeitgleich mit der bewaffneten Erhebung der Ukrainer – den Staat ausrufen, eine Regierung bilden und mit dem Aufbau staatlicher Strukturen beginnen. In den Augen Banderas sollten die Ukrainer durch eine solche „nationale Revolution" unter Führung der OUN-B gegenüber den Deutschen ihren Anspruch legitimieren, auf ukrainischem Gebiet die Geschicke selbst zu bestimmen. Diese Vorstellungen sind unter dem Titel „Kampf und Tätigkeit der OUN während des Krieges" vom Mai 1941 dokumentiert. Die Schrift, die Bandera zusammen mit den von ihm in die OUN-B-Führung berufenen Kader verfasste –

unter anderem seinem Stellvertreter Jaroslaw Stezko (1912–1986) und dem Leiter des militärischen Stabes der OUN-B und späteren Oberkommandierenden der Ukrainischen Aufstandsarmee (UPA) Roman Schuchewytsch (1907–1950) – enthält ausführliche Instruktionen für den erwarteten deutschen Angriff auf die Sowjetunion.

Die Anweisungen der OUN-B definierten die Feinde, von denen das befreite ukrainische Territorium „gesäubert" werden sollte. Im Falle des Krieges sollten die regimetreue Intelligenz, die Aktivisten und Funktionäre der feindlichen Nationalitäten, das heißt der „Moskowiter" sowie Polen und Juden, liquidiert und durch Mitglieder der ukrainischen Elite ersetzt werden. Diese Anweisungen sind stets im Lichte des angestrebten Ziels eines ethnisch homogenen Territoriums und der hohen Gewaltbereitschaft der OUN-B zu sehen. Als Hauptfeind rückte der „moskowitische Bolschewismus" in den Vordergrund, mit dem das Stereotyp von den Juden als Stützen der bolschewistischen Herrschaft („Judenkommune") verknüpft wurde. Zwischen Juden als sowjetischen Funktionsträgern und anderen jüdischen Menschen wird in dem Dokument nicht unterschieden; vielmehr dominiert eine generalisierende Tendenz, das jüdische Volk als nationales Kollektiv zum Feind zu erklären. Als Feinde wurden auch Ukrainer betrachtet, die mit dem sowjetischen Regime verbunden waren.

NS-Deutschland war der Bündnispartner der OUN-B, mit dessen Hilfe die Sowjetunion niedergeworfen werden sollte. An dieser Bündnispolitik änderte auch die Tatsache nichts, dass die deutsche Seite in den vorangegangenen Jahren ukrainische Hoffnungen auf einen eigenen Staat – das oberste Ziel der OUN – stets enttäuscht hatte. Auch der brutale antijüdische und antipolnische Terror der Deutschen in Polen, der der OUN bekannt war, tat der Loyalität keinen Abbruch. Das in den Instruktionen formulierte mörderische Programm illustriert vielmehr eine deutliche Radikalisierung und Anpassung der OUN an die Politik NS-Deutschlands. Vertreter der mit der OUN-B kooperierenden Wehrmacht haben einer gewissen Autonomie der Ukrainer wohl ambivalent gegenübergestanden, aus der Sicht Hitlers jedoch kam der Ukraine nicht die von der OUN-B gewünschte Rolle eines gleichberechtigten Bündnispartners zu. Sie sollte eine Kolonie werden; ein ukrainischer Staat stand nicht zur Diskussion.

Im Rahmen der militärischen Kooperation mit der OUN-B stellte die Abwehr der Wehrmacht Einheiten mit ukrainischem Personal auf. Zum Zeitpunkt, als das Bataillon Nachtigall einmarschiert war, proklamierte die OUN-B am 30. Juni 1941 in Lwiw einen souveränen ukrainischen Staat. Bandera selbst war nicht anwesend; laut Grzegorz Rossoliński-Liebe wurde er von den Deutschen im „Generalgouvernement" kurz vor der Proklamation festgesetzt. Sie untersagten ihm, nach Lwiw zu kommen. Regierungschef wurde Banderas Stellvertreter Jaroslaw Stezko. Die Staatsgründung scheiterte. Die deutsche Besatzungsmacht entschied sich kurz nach der Proklamation, die Beteiligten zu inhaftieren. Bandera und Stezko wurden am 5. und 9. Juli 1941 festgenommen und nach Berlin gebracht, unter der Auflage, die Stadt nicht zu verlassen. Beide weigerten sich, den Staatsgründungsakt zurückzunehmen, doch unterbreiteten sie beziehungsweise die OUN-B der deutschen Seite bis Mitte August Angebote zur Fortsetzung der Kollaboration. Die *banderowzy* versuchten vergeblich, die Deutschen davon zu überzeugen, am ukrainischen Bündnispartner und am ukrainischen Staat festzuhalten, der sich, wie sie versicherten, einer von NS-Deutschland geführten europäischen Ordnung anschließen würde.

Trotz des Scheiterns der Staatsgründung gelang es der OUN-B, mit der Proklamation vom 30. Juni 1941 einen beträchtlichen Teil der westukrainischen Bevölkerung zu mobilisieren, ihre Bewegung als führende ukrainische Kraft zu präsentieren und ihren absoluten Machtanspruch im ukrainischen Lager durchzusetzen. In den seit 1994 erscheinenden staatlichen Geschichtsbüchern wird der „Akt der Erneuerung des ukrainischen Staates" mit wenigen Ausnahmen als „Erneuerung ukrainischer Staatlichkeit" positiv gewürdigt. Die von der OUN-B vorgesehene Form des ukrainischen Staates, nämlich eine totalitäre Diktatur unter ihrer Führung, wird im staatsfixierten Schulgeschichtsbild kaum erwähnt. Ähnliches gilt für die Tatsache, dass das Staatsprojekt Banderas vor allem für eine Integration einer autonomen Ukraine in Hitlers Europa stand und damit dem faschistischen Satellitenstaat der kroatischen Ustascha weit näher kam als einer wirklichen Unabhängigkeit.

Obwohl die Deutschen die Hoffnungen der Ukrainer auf einen eigenen Staat enttäuschten, setzte die OUN-B die Zusammenarbeit mit den deutschen Besatzern im Juli 1941 zunächst fort. Zu den dunkelsten und in den heutigen Geschichtsdebatten der Ukraine weitgehend tabuisierten Kapiteln der Geschichte der OUN-B zählt die Beteiligung der OUN-B und der von ihr geführten und aufgestellten ukrainischen Milizen an den Pogromen gegen die jüdische Bevölkerung, die nach dem Abzug der Roten Armee – und fast zeitgleich mit dem „Staatsakt" der OUN-B – Ende Juni / Anfang Juli 1941 in zahlreichen Städten und Dörfern der Westukraine einsetzten. Dasselbe gilt für die von den Milizen – durch Festnahmen von Juden – geleistete Unterstützung bei Massenerschießungen im Juli 1941 durch die Einsatzgruppen. Die Milizen waren auch an Massenmorden der Waffen-SS-Division Wiking in einer Reihe von Städten in Ostgalizien beteiligt. Der Historiker Aleksandr Kruglov schätzt die Zahl der in der gesamten Westukraine im Juni/Juli 1941 ermordeten Juden auf etwa 16 000.

Die antijüdische Gewalt wurde mit dem Ideologem begründet, Juden seien generell als Unterstützer des Sowjetregimes einzustufen. Unmittelbarer Auslöser der Pogrome, von denen hier nur kurz der Fall Lwiw betrachtet werden kann (30. Juni bis 2. Juli 1941), war unter anderem das Auffinden der von den Sowjets bzw. von der sowjetischen Geheimpolizei NKWD beim Abzug der Roten Armee ermordeten Gefängnisinsassen (unter denen mehrheitlich Ukrainer, aber auch viele Polen und Juden waren). Gründe für die Inhaftierungen durch den NKWD waren unter anderem der Verdacht des ukrainischen Nationalismus oder Verbindungen zum nationalistischen Untergrund. Die Gesamtzahl der vom NKWD inhaftierten und beim Abzug der Roten Armee getöteten Insassen (Ukrainer, Juden und Polen) belief sich allein in Lwiw auf über 3000; für alle Gebiete des sowjetisch besetzten Ostpolens wird sie auf über auf 20 000 geschätzt, davon zwei Drittel allein in der Westukraine.

Die schnelle Verbreitung von Informationen über die Massenmorde an den Gefängnisinsassen und der Umstand, dass Juden zu den Aufräumarbeiten und der Bergung von Leichen in den NKWD-Gefängnissen herangezogen wurden, wirkte als Katalysator pogromartiger antijüdischer Gewalt. Die ukrainischen Milizen brachten die Juden – in weitaus höherer Zahl als für die Aufräumarbeiten benötigt – zwangsweise zu den Gefängnissen, misshandelten und schlugen sie, wobei sie von Zivilisten und Zivilistinnen unterstützt wurden. An Misshandlungen und Ermordungen auf den Gefängnishöfen waren meist ukrainische Milizen und Zivilisten, aber auch deutsche Soldaten und Polizei beteiligt. Zu Tötungen der jüdischen Bevölkerung durch die ukrainische Miliz oder Einheimische kam es im Rahmen der Beteiligung an Gewaltexzessen; systematische Erschießungen hat die ukrainische Miliz selbst nicht durchgeführt. Die deutschen Machthaber haben die Hassausbrüche toleriert und gefördert; die Einheimischen mussten zu antijüdischen Handlungen jedoch nicht besonders angetrieben werden. Die Gewaltexzesse gegen Juden waren im Sinne der – auch von der OUN-B geteilten und verbreiteten – stereotypische Wahrnehmung vom „jüdischen Bolschewismus" in den Augen vieler Ukrainer eine Strafe für die sowjetischen Verbrechen. In den Gewalttaten zeigte sich laut Kai Struve der „emotionale Ausnahmezustand", den die Konfrontation mit den NKWD-Verbrechen ebenso auslöste wie die Freude über die Befreiung von der sowjetischen Herrschaft, als deren Träger und Nutznießer die Juden angesehen wurden.

Hinzu kam die euphorische Hoffnung vieler Ukrainer auf einen eigenen Staat, die von den Deutschen aber bald enttäuscht wurde. Die von der OUN-B geführten Milizen haben noch Ende Juli / Anfang August die deutsche Sicherheitspolizei durch Festnahmen bei den Massenerschießungen von Juden unterstützt. Obwohl das Verhältnis der OUN-B zu den Deutschen nach der gescheiterten Staatsgründung massiv eingetrübt war, widersprach die Zusammenarbeit bei den Gewalttaten gegen Juden nicht den Zielen der OUN-B. Diese sah in der Verfolgung der Juden ein konkretes Feld der Kooperation und hoffte immer noch, die Deutschen durch entsprechende Mitarbeit davon überzeugen zu können, die Errichtung eines ukrainischen Staates zuzulassen.

Die Gewalt der ukrainischen Milizen gegen Juden an vielen Orten kann nicht allein mit einem Kampf gegen die sowjetische, von Juden symbolisierte Herrschaft erklärt werden: In Südostgalizien haben die OUN-B-geführten Milizen in Orten, wo die dortige ungarische Besatzungsmacht keine volle Kontrolle (vor allem in den Dörfern) ausübte, bei ihren Aktionen gegen echte und vermeintliche Helfer der Sowjets polnische und ukrainische Aktivisten, bei den jüdischen aber ganze Familien getötet. Dies spricht dafür, dass auch ein generalisierender und eliminatorischer Antisemitismus als eigenständiges Movens eine Rolle für das Handeln der Bandera-Milizen spielte. Trotz der erheblichen Beteiligung von OUN-B-Angehörigen und anderen Einheimischen an den antijüdischen Gewalttaten ging das Morden in weitaus höherem Maße von den Deutschen aus. Zudem haben die ukrainischen Milizen gegenüber den Juden nicht an allen Orten einheitlich gehandelt. Trotz der von ukrainischer Seite verübten massiven antijüdischen Gewalt im Sommer 1941 ist das Vorurteil vom „Antisemitismus der Ukrainer" ebenso falsch wie andere Kollektivstereotype. Tausende von Juden haben von Ukrainern im Laufe der Besatzungszeit Hilfe erfahren oder wurden durch sie gerettet.

Im August und September 1941 kündigten die Deutschen die Zusammenarbeit mit der Bandera-OUN endgültig auf. Die deutsche Besatzungsmacht ging nun selektiv – wenn auch nicht auf breiter Front – in Form von Verhaftungen und Erschießungen gegen die Organisation vor. Bandera kam im November 1941 in „Ehrenhaft" in das Konzentrationslager Sachsenhausen. Seine Brüder, die OUN-B-Mitglieder Oleksandr und Wasyl, wurden im Herbst 1941 von der Gestapo verhaftet und im Juli 1942 im KZ Auschwitz ermordet. Im Sommer 1942 wurden noch weitere Mitglieder der Führungsgruppe der OUN-B nach Auschwitz deportiert.

In die Illegalität gezwungen, musste sich die OUN-B neu aufstellen. Unter ihrer Führung wurde 1942/43 die Ukrainische Aufstandsarmee (UPA) aufgebaut, die im Grunde ihr militärischer Arm war, wenn auch nicht völlig mit der OUN-B identisch. Die personelle Basis der UPA rekrutierte sich unter anderem aus Mitgliedern der OUN-B, ehemaligen zur OUN-B gehörigen Mitgliedern der Bataillone Nachtigall und Roland sowie einheimischen jungen Männern und Teilen der ukrainischen „Hilfspolizei", von denen viele an den deutschen Massenmorden an Juden beteiligt gewesen waren und dann zur UPA desertierten. Im Laufe des Krieges gewann die UPA eine immer größere politische Bedeutung. Sie verfügte über einen breiten Rückhalt in der westukrainischen Bevölkerung, die die repressive sowjetische Herrschaft in den Jahren 1939 bis 1941 noch in so frischer wie schlechter Erinnerung hatte und ihre Rückkehr in die Westukraine im Sommer 1944 fürchtete. Der in der westlichen Ukraine konzentrierte Kampf der UPA dauerte bis 1949, der antisowjetische Widerstand des nationalistischen Untergrunds bis in die 1950er-Jahre.

Ab dem Sommer 1943 kämpfte die UPA vor allem gegen sowjetische Partisanen, deren Auftauchen in Wolhynien ein Motiv ihrer Gründung gewesen war, und 1944, nach der Rückeroberung der Gebiete durch die Sowjets, kämpfte sie auch gegen die Rote Armee. Außerdem ging sie gegen polnische Einwohner vor. Der Krieg der UPA mit den Sowjets wurde beiderseits mit enormer Brutalität geführt. Um der UPA die Rekrutierungsbasis und Unterstützung zu entziehen, reagierte die sowjetische Geheimpolizei mit massenhaften Erschießungen, Verhaftungen und Deportationen. Zwischen 1944 und 1952 wurden etwa 153 000 Menschen erschossen und zwischen 1944 und 1953 sind etwa 66 000 Familien (rund 204 000 Menschen) aus der Westukraine deportiert worden. Dies ist ein Grund für die in Ostgalizien und Teilen Wolhyniens dominierende antisowjetisch eingefärbte nationale Erinnerungskultur, in der die UPA als eine Art Heimatschutzarmee angesehen wird.

In der sowjetischen Historiografie und Propaganda wurden zahlreiche Aspekte des Untergrundkampfes der UPA verschwiegen und die Stereotype von den *banderowzy* auf die UPA übertragen. Das daraus resultierende, von der heutigen russischen Medienpropaganda meist übernommene Zerrbild von der durchgehenden Kollaboration der UPA mit den Deutschen ist in dieser Eindeutigkeit jedoch historisch unzutreffend. Zwar gab es einzelne Kontakte von UPA-Gruppen mit deutschen Stellen, tendenziell wendete sich der nationalistische Partisanenkampf der UPA aber auch gegen die deutsche Besatzungsmacht. Aktionen der UPA richteten sich beispielsweise gegen die deutsche Zivilverwaltung und Infrastruktur und waren „keine Einzelfälle, sondern schränkten deren Arbeit spürbar ein". Außerdem versuchte die UPA, Zwangsarbeiter und Zwangsarbeiterinnen zu befreien, nicht zuletzt, um sie der UPA einzugliedern. Der Widerstand der UPA richtete sich vor allem gegen Zivilverwaltung, deutsche Sicherheitspolizei und SD, aber kaum gegen die Wehrmacht.

In weiten Teilen der ukrainischen Historiografie wird die in kosakischen Traditionen stehende UPA als „nationale Armee" und dritte Kraft dargestellt, die kompromisslos sowohl gegen die deutsche als auch die sowjetische Besatzungsmacht kämpfte. Außerdem wird darauf hingewiesen, dass es im Rahmen des außerordentlichen Kongresses der OUN-B im August 1943 zu erheblichen Modifikationen in der Programmatik von OUN und UPA in Richtung auf eine Demokratisierung und im Sinne einer moderateren Einstellung der UPA gegenüber Juden gekommen sei. Das daraus resultierende Bild von der UPA als antitotalitärer und für die Freiheit und Unabhängigkeit der Ukraine kämpfender Kraft lässt sich jedoch nur aufrechterhalten, wenn die dunklen Seiten der UPA konsequent unterschlagen werden. Die Demokratisierung stand nur auf dem Papier und war vor allem taktisch motiviert: Angesichts der drohenden Niederlage des Deutschen Reiches suchten die OUN-B und die UPA neue Bündnispartner wie die Westmächte.

Die UPA perpetuierte zahlreiche Elemente des rechtsextremen integralen Nationalismus der OUN der 1930er-Jahre. Das eigentliche Verbrechen der UPA setzt im März 1943 mit dem Versuch einer „ethnischen Säuberung" des Gebiets Wolhynien ein. Der Terror gegen die polnische Bevölkerung zielte auf eine ethnische Homogenisierung Wolhyniens ab, um den Anspruch der Einbeziehung dieser Region in einen künftigen ukrainischen Staat zu unterstreichen. Den Massakern fielen mindestens 60 000 Polen zum Opfer, angeblich 15 000–20 000 Ukrainer den Gegenmaßnahmen der polnischen Heimatarmee.[1] Dieses Ereignis ist Teil eines größeren, auch unter der vor allem in der Ukraine gebräuchlichen Bezeichnung „Wolhynien-Tragödie" bekannten blutigen ukrainisch-polnischen Konflikts, der bisher weder ausreichend erforscht noch aufgearbeitet worden ist.

Der Umgang der UPA mit der jüdischen Bevölkerung, die in die Wälder geflüchtet oder in Reihen der UPA als Ärzte oder Handwerker tätig war, verlangt ebenfalls noch eine gründliche Untersuchung. Doch blieb die Haltung der UPA tendenziell antisemitisch. Viele UPA-Partisanen waren weiterhin überzeugt, dass „die Juden" die Sowjetmacht unterstützten. Im Frühjahr 1944 setzte die Kooperation zwischen UPA und Wehrmacht wieder ein. Jüngeren Forschungen zufolge wurden allein in Wolhynien mindestens 1000 bis 2000 Juden, die in die Wälder geflüchtet waren, von UPA-Einheiten getötet.[2]

Nachdem die Westukraine wieder in sowjetischer Hand war, wurde Stepan Bandera im September 1944 aus der Haft entlassen – auch dies eine Folge der erneuten Kooperation der OUN mit den Deutschen. Er blieb zwar während des Krieges symbolisch der Führer der OUN-B, hatte jedoch mit dem Kampf der UPA kaum etwas zu tun. Bandera nahm noch Teil an der letzten Etappe der ukrainisch-deutschen Kollaborationsgeschichte: Im November 1944 war er Mitbegründer des Ukrainischen Nationalkomitees, das von der deutschen Reichsregierung im März 1945 noch als „alleiniger Vertreter des ukrainischen Volkes" anerkannt wurde, doch spielten dort künftig weder er noch die OUN-B noch eine entscheidende Rolle. Seit Februar 1945 stand Bandera an der Spitze des auf einer Wiener Konferenz der OUN-B gegründeten Auslandszentrums der Organisation, bevor er nach Kriegsende nach Bayern übersiedelte, wo er bis zu seiner Ermordung 1959 unter falschem Namen lebte. Die Auslandsorganisation der OUN-B blieb nach dem Krieg in ideologische Streitereien und machtpolitische Konflikte verstrickt und spaltete sich schließlich. Stepan Bandera soll

---

[1] Kappeler, Andreas: „Kleine Geschichte der Ukraine", S. 222–223, C. H. Beck, München 2014.
[2] Vgl. Forschungen von Jared Graham McBride, Los Angeles. Für den Hinweis auf diese Forschungen danke ich Dieter Pohl.

sich in den organisationsinternen Kämpfen Demokratisierungstendenzen widersetzt haben, wobei ungeklärt ist, ob die demokratischen Veränderungsbestrebungen seiner Rivalen ernst gemeint waren. Bandera jedenfalls stand schließlich einem Flügel der Auslands-OUN-B vor, deren Wirken weitgehend auf das Exil eingeschränkt war. Die OUN-B-Führung im Ausland einerseits und die Landesstrukturen von OUN und UPA in der Ukraine andererseits isolierten sich zunehmend voneinander. Wenige Jahre nach Kriegsende hatte die Auslands-OUN in der ukrainischen Heimat keine Basis mehr.

Für die russische TV-Propaganda war es ein Leichtes, die auf dem Maidan sichtbaren Symbole der radikalnationalistischen Tradition samt Porträts von Bandera zu finden und ins Zentrum zu rücken, um ihre verfälschenden Thesen zu den „neuen *banderowzy*" visuell zu untermauern. Auf den regelmäßigen großen „Volksversammlungen", dem Herzstück der Maidan-Proteste, benutzte eine erdrückende Mehrheit nicht die Zeichen der nationalistischen Tradition, sondern die Staatssymbole der Ukraine, insbesondere die blau-gelbe Flagge und diese häufig in Kombination mit der EU-Flagge. Die Akzeptanz Banderas, der vor allem unter westukrainischen (ostgalizischen) Demonstranten populär war, wuchs während der Proteste auch unter Kyjiwer und zentralukrainischen Demonstranten, welche die Mehrheit auf den großen „Volksversammlungen" bildeten. Doch weder bei diesen Demonstranten noch bei einer Mehrheit der Bevölkerung ist er zum unbestrittenen Nationalhelden aufgestiegen.

In den Jahren nach dem Maidan sind die Zustimmungswerte für die in der Ukraine stets umstrittene Persönlichkeit Stepan Bandera in Umfragen leicht, aber nicht massiv angestiegen. Nach einer von der ukrainischen soziologischen Gruppe „Rejtynh" (oder einfach „Ratinggroup") im Oktober 2018 durchgeführten repräsentativen Umfrage bekundete etwas mehr als ein Drittel der Befragten eine positive Einstellung zu Bandera (18 Prozent „ganz positiv"; 18 Prozent „eher positiv"), womit er unter zehn möglichen historischen Persönlichkeiten den sechste Platz noch hinter dem ehemaligen Generalsekretär der KPdSU Leonid Breschnew einnahm. An die Spitzenwerte des traditionell beliebten Kosakenhetmans Bohdan Chmelnytzkyj (73 Prozent, Platz eins) oder des „Vaters der ukrainischen Geschichtsschreibung" Mychajlo Hruschewskyj (68 Prozent, Platz zwei), die für ein gemäßigt nationales Geschichtsbild stehen, reichen die Werte für Bandera beiweitem nicht heran. Selbst in der Zentralukraine kam er nur auf 35 Prozent, während die hohen Positivwerte in der Westukraine (64 Prozent), wo das ehrende Gedenken an die Protagonisten von OUN und UPA traditionell einen hohen Stellenwert hat, ebenso wenig überraschen wie die deutlich geringere Zustimmung im Süden und Osten des Landes (jeweils 17 Prozent).

Auch die mit ihm und der OUN-B verknüpften Gedenktage, die rot-schwarze Organisationsfahne der OUN und sein Porträt konnten sich als repräsentatives Symbol der Maidan-Bewegung nicht durchsetzen. Wichtigstes Symbol war Taras Schewtschenko, der unter fast allen Ukrainern unumstrittene ukrainische Nationaldichter. Sein auf dem weithin sichtbaren großen Eurobanner befestigtes Bild blieb auf der Bühne von Beginn bis Ende der Proteste präsent.

Das einzige Element des radikalnationalistischen Traditionsbestands, das eine große Verbreitung erfuhr, war der Ruf „Ruhm der Ukraine, den Helden Ruhm!", wie ihn auch die OUN als Gruß verwendete. Seine Popularisierung auf dem Maidan und danach bedeutet nicht Zustimmung zu einem faschistischen Programm und ist auch nicht primär mit der Erinnerung an die historische OUN oder UPA verknüpft. Der Ruf „Ruhm der Ukraine" verbindet sich für die Mehrheit der Protestierenden mit den konkreten Helden des Maidans, wie zum Beispiel den Ende Februar getöteten Demonstranten. Er steht für demokratische Veränderung und die Auflehnung gegen ein autoritäres und korruptes Regime.

Das besonders unter Jugendlichen populäre Bild von Stepan Bandera als unbeugsamem Kämpfer für die ukrainische Unabhängigkeit und gegen die totalitären Besatzer baut gleichwohl auf einer Geschichtsklitterung auf. Bandera steht historisch für die extremste Form des Nationalismus, in dem Andersdenkende keinen Platz hatten. Es ist daher fraglich, ob sich eine freiheitlich verklärte radikalnationalistische Tradition als Symbolressource einer demokratischen Gesellschaft eignen wird.

Vor allem im ostukrainischen Donbas, aber auch in Teilen des heute überwiegend staatsloyalen Südens wird die Popularisierung nationalistischer Symbole radikal abgelehnt oder mit Skepsis gesehen und kann zur Entfremdung vom ukrainischen Staat beitragen. Dies ist sicher auch, aber nicht in jedem Fall allein eine Folge sowjetischer und russischer Propaganda. Politische Symbole lassen sich nicht einfach von ihren historischen Bedeutungen oder unterschiedlichen, mündlich weitergegebenen Familienerfahrungen trennen. Und schließlich fehlt den Menschen im Donbas und in Teilen des Südens die Emanzipationserfahrung des Maidans. Die freiheitlich-demokratischen Umwertungen einzelner nationalistischer Symbole nachzuvollziehen, die durch die Proteste bewirkt oder bestätigt wurden, ist ihnen deshalb kaum möglich gewesen. Das wiederum hat es ihnen erschwert, der Bedeutungsverschiebung wirklich zu trauen. Die ukrainische Gesellschaft wird sich daher künftig einer offenen und herrschaftsfreien Debatte über die Geschichte von OUN und UPA stellen müssen, die auch die dunklen Seiten nicht verschweigt.

Für wichtige Hinweise dankt der Autor Frank Golczewski, Dieter Pohl, Ray Brandon, Kai Struve und Grzegorz Rossoliński-Liebe. Bei dem Beitrag handelt es sich um einen überarbeiteten Beitrag, der 2015 bereits im Wallstein Verlag erschienen ist. Vgl.: Wilfried Jilge: „Stepan Bandera – Zum historischen und politischen Hintergrund einer Symbolfigur", in: Katharina Raabe (Hrsg.): „Gefährdete Nachbarschaften – Ukraine, Russland, Europäische Union" (Valerio 17/2015), Göttingen 2015, S. 103–123.

Quellen:
Bruder, Franziska: „Den ukrainischen Staat erkämpfen oder sterben! Die Organisation ukrainischer Nationalisten (OUN) 1928–1948", Metropol, Berlin 2006.

Kappeler, Andreas: „Kleine Geschichte der Ukraine", C. H. Beck, München 2014.

Struve, Kai: „Tremors in the Shatterzone of Empires. Eastern Galicia in Summer 1941" in: Omer Bartov und Eric D. Weitz (Hg.): „Shatterzone of Empires. Coexistence and Violence in the German, Habsburg, Russian, and Ottoman Borderlands", S. 463–484, Bloomington / Indiana 2013.

Struve, Kai: „Deutsche Herrschaft, ukrainischer Nationalismus, antijüdische Gewalt. Der Sommer 1941 in der Westukraine", Berlin, Boston 2015.

Struve, Kai: „Das Einsatzkommando Lemberg, die ukrainische Miliz und die ‚Petljura-Tage' am 25. und 26. Juli 1941", in: Olena Petrenko (Hg.): „Unter Männern: Frauen im ukrainischen nationalistischen Untergrund 1944–1954", Ferdinand Schöningh, Paderborn 2018.

Veselova, Oleksandra M. / Kulčyc'kyj, Stanislav V. (Hg.): „OUN v1941 roci. Dokumenty" Band 1, Kyjiw 2006.

Rossoliński-Liebe, Grzegorz: „Stepan Bandera. The Life and Afterlife of a Ukrainian Nationalist", Stuttgart 2014.

Das vergessene Massaker von Korjukiwka

Christoph Brumme

Korjukiwka ist eine Siedlung im Nordosten der Ukraine, im Gebiet Tschernihiw. In der Nacht zum 27. Februar 1943 greifen sowjetische Partisanen eine deutsch-ungarische Garnison am Bahnhof von Korjukiwka an. Sie töten nach eigenen Angaben 78 Soldaten und nehmen einige gefangen. 97 Gefangene können sie befreien, darunter die Söhne des Kommandeurs der Partisanen Theodosius Stupak. Er selbst stirbt bei der Aktion. Die Partisanen zerstören, wie sie in einem Bericht nach Moskau melden, unter anderem eine Telefonstation, eine mechanische Werkstatt, ein Kraftstofflager mit Benzin, achtzehn Eisenbahnwaggons und das Gebäude der Staatsbank, nachdem sie dort einen Safe gesprengt und 320 000 sowjetische Rubel entwendet haben.

Als Rache für den Überfall planen die SS und die ungarischen Feldjäger eine „Strafaktion" gegen die Einwohner und Einwohnerinnen von Korjukiwka. Den Befehl dazu erteilt, soweit man weiß, der Stabschef der Kommandantur der Wehrmacht im benachbarten Kreis Konotop, Oberstleutnant Bruno Franz Bayer (in manchen Quellen auch Baier oder Beyer geschrieben, in anderen erscheint er nur als Bruno Franz). Das SS-Sonderkommando 4 a leitet die „Strafaktion". Die SS-Männer haben schon zahlreiche Kriegsverbrechen und Massenmorde begangen, unter anderem die Massaker an den jüdischen Menschen aus Kyjiw in Babyn Jar mit mehr als 33 000 Opfern und in Poltawa mit mehreren Tausend Opfern. Im März 1943 erschossen sie in Sumy 250 ungarische Juden, die zu einer Arbeitskompanie der ungarischen Armee gehörten.

Am Morgen des 1. März 1943 umstellen die SS und die ungarischen Einheiten, wahrscheinlich unterstützt von einheimischer sowjetischer „Hilfspolizei", die Siedlung Korjukiwka. Die Todeskommandos durchsuchen die Gebäude der Stadt, zünden Häuser an, treiben die Menschen in große Gebäude wie das Theater oder ein Restaurant und erschießen sie dort oder werfen sie lebendig ins Feuer. Im Restaurant werden etwa 500 Menschen getötet, nur fünf überleben. Insgesamt werden am 1. und 2. März 6700 Menschen ermordet. 1290 Häuser werden niedergebrannt, nur zehn Backsteingebäude bleiben erhalten. Zeugen werden später aussagen, dass Rauch und Feuer von den Bränden noch mehr als zwanzig Kilometer entfernt in umliegenden Siedlungen zu sehen waren. Am 9. März kehren die Mordkommandos zurück, um die Überlebenden zu töten. Nur 1893 Opfer können später identifiziert werden, darunter 704 Kinder und Jugendliche und 1097 Frauen. Die meisten von ihnen, 1715 Personen, sind ukrainischer Nationalität.

Schlimmer als Lidice und Oradour – doch das Massaker passt ins Konzept sowjetischer Propaganda

Das Massaker von Korjukiwka war die größte Strafaktion im Zweiten Weltkrieg an der nicht jüdischen Bevölkerung, nicht nur auf dem Territorium der Sowjetunion, sondern in ganz Europa. Während die Massaker der SS in dem tschechischen Dorf Lidice mit 173 Ermordeten oder im französischen Oradour mit 642 Opfern international bekannt geworden sind und in etlichen Büchern und Filmen dargestellt wurden, ist das furchtbare Verbrechen in Korjukiwka mit so viel mehr Opfern selbst vielen Ukrainerinnen und Ukrainern bis heute unbekannt. Über das Blutbad von Lidice veröffentlichte Heinrich Mann schon im darauffolgenden Jahr einen gleichnamigen Roman. Über die Tragödie von Korjukiwka sind bis heute offenbar nur einige Broschüren und ein einziges Buch mit einer Auflage von 500 Exemplaren erschienen, die historisch-wissenschaftliche Studie „Jeder hat seine eigene Wahrheit. Wahrheit eins: Korjukiwka: ein lebenslanger Schmerz" von Wassili Ustimenko. Ustimenko finanzierte sie mit seiner Rente, wie er in seiner Rede im Jahre 2013 während der Buchpräsentation erzählte. Er hatte keinen Sponsor gefunden. In seiner Studie versucht er, die Frage zu beantworten, warum die Tragödie stattgefunden hat und ob es möglich gewesen wäre, sie zu verhindern.

Zumindest hätten die sowjetischen Partisanen die Mordorgien der Deutschen und der Ungarn wohl sehr stark behindern können. Denn es waren nur 300 bis 500 Täter, die dieses Kriegsverbrechen an der Zivilbevölkerung ausführten, während die Partisanen über 5500 Kämpfer in den umliegenden Dörfern und Wäldern verfügten.

„Es gab keinen Befehl vom Hauptquartier. Also saßen wir einfach da und sahen zu", resümierte ein sowjetischer Partisan nach dem Krieg. Der oberste Kommandeur der Partisanen, Oleksiy Fedorow, zweifacher Held der Sowjetunion, war während des Massakers von Korjukiwka nicht anwesend, sondern holte sich neue Direktiven aus Moskau ab. In seinen Memoiren bezieht er sich kurz auf die Ereignisse: „Die Genossen informierten uns über die wichtigsten militärischen Operationen, die in unserer Abwesenheit durchgeführt wurden. Am interessantesten und erfolgreichsten war der Überfall auf die Korjukiwka-Garnison. Unsere Jungs haben diese kleine Stadt nicht vergessen."[1] Über die furchtbare Ermordung von fast 7000 Dorfbewohnern verliert Fedorow kein einziges Wort – als ob sie gar nicht existiert hätten!

Die grausamen Verbrechen der Nationalsozialisten passten durchaus ins Konzept der sowjetischen Propaganda, so makaber das heute klingt. Die Befehle des sowjetischen Militärhauptquartiers an Partisanenbewegungen in der Ukraine handelten ausschließlich von der Sabotage und Zerstörung feindlicher Streitkräfte. Nach Einschätzung ukrainischer Historiker existieren jedoch keine offiziellen Dokumente, die die sowjetischen Partisanen anwiesen, die Zivilbevölkerung zu schützen.

Der ukrainische Historiker Serhiy Butko, Mitglied des Ukrainischen Instituts für nationale Erinnerung in der Oblast Tschernihiw, erklärt das folgendermaßen: „Keine von den Nazis angestifteten Strafoperationen gegen die lokale Bevölkerung wurden von den sowjetischen Partisanen unterbrochen, da dies der bolschewistischen Sache perfekt diente, die Deutschen so viele Gräueltaten

---

[1] „Blutiger März 1943: Was ist über die Korjukov-Tragödie bekannt und warum ist es wichtig, darüber Bescheid zu wissen?", 01.03.2018, https://112.ua/obshchestvo/krovavyy-mart-1943-goda-chto-izvestno-o-koryukovskoy-tragedii-i-pochemu-o-ney-vazhno-znat-435079.html

wie möglich begehen zu lassen. Die bolschewistische Politik bestand darin, der Zivilbevölkerung zu beweisen, dass die vom NS-Regime begangenen Gräueltaten mit dem Holodomor von 1932/33 und den stalinistischen Hinrichtungen und Repressionen der 1930er-Jahre nicht zu vergleichen waren. Ja, die barbarischen Aktionen der Nazis waren unbeschreiblich schrecklich, aber nicht besser oder schlechter als die vom bolschewistischen Regime begangenen."[2]

Spätes Gedenken

Erst im Jahr 1977 wurde in Korjukiwka ein Granitdenkmal mit dem offiziellen Namen „Zu Ehren des heldenhaften Widerstands der Bevölkerung gegen deutsche faschistische Invasoren" errichtet. Die Schöpferin des Denkmals ist die berühmte ukrainische Bildhauerin Inna Kolomijez.

In den sowjetischen Kanon der Heldengeschichten und der verabscheuungswürdigen Verbrechen schaffte es das Massaker aber nicht. Serhiy Butko nennt als Grund: „Natürlich fragt man sich, wo die Partisanen geblieben sind, als die Bevölkerung von Korjukiwka massakriert wurde." Mindestens in diesem grauenerregenden Fall waren sie eben nicht die „Rächer des Volkes" gewesen.

Erst als sich die Tragödie am 2. März 2013 zum siebzigsten Mal jährte, wurden vom ukrainischen Staat besondere Maßnahmen zum Gedenken an die Opfer dieses Kriegsverbrechens beschlossen, per Dekret des Präsidenten Wiktor Janukowytsch. Zum Jahrestag 2018 wurde in vielen Fernsehprogrammen mit dauerhaft zugeschalteten Gedenkkerzen an die schrecklichen Ereignisse erinnert.

Aber noch nie hat ein hochrangiger ukrainischer Politiker die Gedenkfeiern in Korjukiwka besucht. So muss man sich auch nicht wundern, dass offenbar auch nur ein deutscher Politiker den Weg nach Korjukiwka geschafft hat. Im März 2005 erinnerte dort der deutsche Botschafter Dietmar Stüdemann an die ermordeten Menschen. Der Botschafter sagte vor Hunderten Menschen bei der Trauerkundgebung:

„Wir Deutschen wissen genau, was die Nazis in Ihrem Land getan haben. Nach dem Tod von Korjukiwka starb auch Nazideutschland. Jahre vergingen. Sowohl Deutschland als auch Korjukiwka lebten wieder auf. Die Ukraine ist unabhängig geworden. Die Völker beider Länder geben sich über den Gräbern der Toten die Hand, obwohl unsere Schuld groß ist. Aber die menschliche Freundschaft kann viel, sehr viel bewirken, und dies gibt Hoffnung, dass der Krieg nicht wieder stattfinden wird, der Faschismus nicht wiederbelebt wird."[3]

Die Menschen von Korjukiwka haben lange versucht, eine Partnerstadt in Deutschland zu finden, berichtete im Mai 2015 der taz-Reporter Bernhard Clasen. Er hat bisher offenbar als einziger deutscher Journalist den Ort des Verbrechens besucht und darüber berichtet („Onkel, schiess nicht, ich will leben!"). Doch eine Partnerschaft zwischen Korjukiwka und einer deutschen Stadt ist noch immer nicht zustande gekommen.

---

2 Euromaidan Press, Christine Chraibi: The forgotten tragedy of Koryukivka: How the Nazis exterminated a town of 7,000 souls.
3 Ebenda.

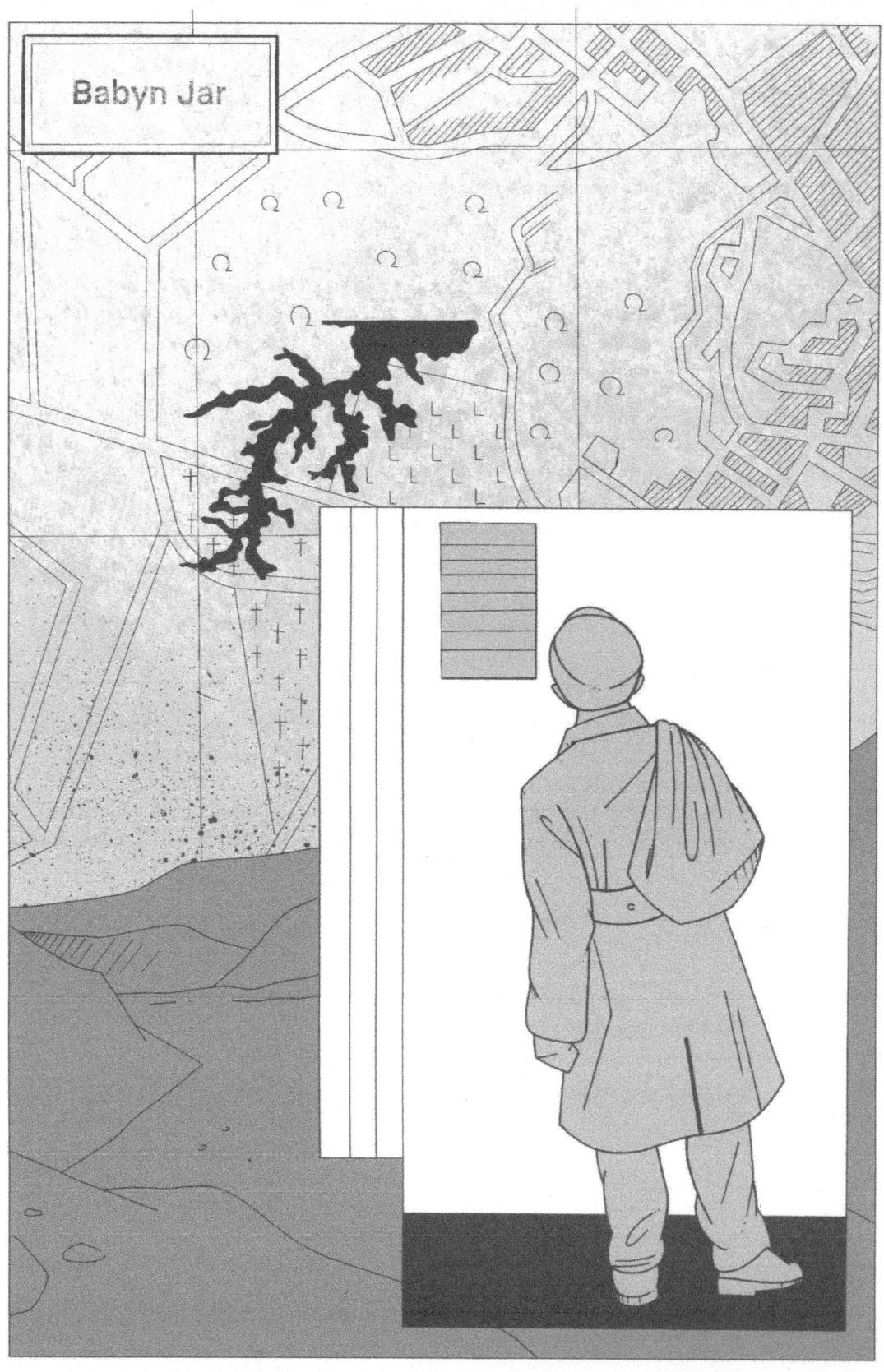

Bremer Polizeibeamte im Holocaust

von Klaus Wolschner

Dass neben den Männern der SS auch Soldaten der Wehrmacht und Tausende deutscher Polizeibeamter in Osteuropa an den massenhaften Morden an Juden beteiligt waren, konnte in der deutschen Nachkriegsgesellschaft kein Geheimnis sein – es gab zu viele Mitwissende. Aber die Täter sprachen darüber nicht freiwillig in der Öffentlichkeit. Es dauerte Jahrzehnte, bis Historiker das Thema aufarbeiteten.[1] Vor allem aus den Akten von staatsanwaltschaftlichen Ermittlungen hat der ehemalige Polizeibeamte und Historiker Karl Schneider die Geschichte der bremischen Polizeibataillone rekonstruiert. Auf sein verdienstvolles, 800 Seiten starkes Werk, das 2011 unter dem Titel: „,Auswärts eingesetzt' – Bremer Polizeibataillone und der Holocaust" erschienen ist, soll hier hingewiesen werden.

Babyn Jar ist der Name einer Schlucht, in der 1941 mehr als 33 000 jüdische Menschen aus Kyjiw ermordet wurden. Mehrere Hundert Polizisten des Bremer Polizeibataillons 303 waren dabei. Sie trieben Juden und Jüdinnen den Erschießungskommandos zu, waren womöglich sogar selbst an den Morden beteiligt. Bei den eingesetzten Polizeibeamten galt „Babyn Jar" noch 25 Jahre später als Datum einer Zäsur – „nach Babyn Jar" ging das Morden erst richtig los.

Juristisch belangt wurde nach dem Krieg niemand. Der Bremer Senat hat in den 1950er-Jahren nicht nur rund siebzig Männer aus den Bremer Polizeibataillonen wieder in den Polizeidienst übernommen, er hat auch die vorzeitige Haftentlassung des als Kriegsverbrecher verurteilten ehemaligen Bremer Gestapochefs Erwin Schulz aktiv betrieben. Der laut Schneider „in nationalsozialistische Verbrechen verstrickte" Karl Schulz konnte sogar 1952 bremischer Kriminaldirektor werden. Die Bremer Staatsanwaltschaft ermittelte erst in den 1960er-Jahren gegen die Mitglieder des Bremer Polizeibataillons 105. Sie stellte die Verfahren 1968 ein. Die Suche im Archiv des Bremer „Weser-Kuriers" unter dem Stichwort „Polizeibataillon" liefert bis zum Jahr 2007 keinen einzigen Bericht über die Verbrechen der Polizeibataillone. Erst ein halbes Jahrhundert später informierte der Bremer Innensenator die Öffentlichkeit über die Rolle der Polizei in der NS-Zeit und das Polizeibataillon in einer Ausstellung.

---

1 Erst 1992 erschien das Werk des Amerikaners Christopher Browning über die „ganz normalen Männer" (engl: „Ordinary men: Reserve Police Bataillon 101 and the final solution in Poland"). Über das Versagen der Nachkriegsjustiz legte Stefan Klemp 2005 sein Handbuch: „Nicht ermittelt. Polizeibataillone und die Nachkriegsjustiz" vor.

Bremen 1935: Polizeieinheiten werden in die Wehrmacht eingegliedert. Foto: Hermann Reil

Polizeieinsätze im Ausland vor 1941

Das nationalsozialistische Regime begann kurz nach der Machtergreifung 1933, die Polizei auszubauen und auch im Ausland einzusetzen. So bewarben sich Polizeibeamte freiwillig zum Dienst in Südwest-Afrika (heute: Namibia). Am 11. März 1938 setzte sich im Morgengrauen eine lange Fahrzeugkolonne Bremer Polizeibeamter mit unbekanntem Ziel nach Süden in Gang – niemand sollte wissen, dass am 13. Mai 1938 der „Anschluss Österreichs" geplant war. Die Bremer Polizisten hatten Sicherheitsaufgaben in Linz, Krems und Wiener Neustadt und mussten vor allem zur Machtdemonstration aufmarschieren. Sie seien mit Jubel und Blumen begrüßt worden, berichteten sie nach Hause. Und: Aufgegriffene Juden seien gezwungen worden, die Bremer Polizeiwagen zu waschen. Auch beim „Anschluss" des Sudentenlandes war die Bremer Polizei dabei. Man sei mit Gebäck, Zigaretten und Schokolade beschenkt worden, notierte ein Teilnehmer in seinem Tagebuch.

Einsatz in der Ukraine

Nach Einsätzen in Norwegen und den baltischen Staaten begann im Juni 1941 der Einsatz gegen die Sowjetunion. Unter der Führung von Heinrich Hannibal, der für seine Verbrechen nie verurteilt wurde, rückte das Bremer Polizeibataillon 303 in das Erdölzentrum Boryslaw und dann nach Lwiw vor. Dort hatten die deutschen Truppen rund 4000 Leichen im Lonzky-Gefängnis vorgefunden – offenbar vom sowjetischen Geheimdienst ermordete politische Gefangene. Die Lwiwer Bevölkerung machte „die Juden" für die Verbrechen des stalinistischen Regimes verantwortlich – es begann eine Hetzjagd der örtlichen Lwiwer Bevölkerung im Machtvakuum beim Anrücken der Deutschen. „Wir hatten jedenfalls ein striktes Verbot, uns einzumischen", berichtete einer der deutschen Polizeibeamten. Nach einigen Tagen zog Kommandeur Hannibal mit seinem Polizeibataillon 303 weiter.

Das Polizeibataillon 303 war schon „vor Babyn Jar" direkt an der Ermordung der jüdischen Bevölkerung beteiligt. Die Staatsanwaltschaft Regensburg übernahm aus den „Erfolgsmeldungen" des Polizeiregiments Süd die Zahl der ermordeten Juden und Jüdinnen – allein zwischen dem 25. August 1941 und dem 21. September 1941 wurden mehr als 10 000 Menschen umgebracht. Die Staatsanwaltschaft Regensburg ging davon aus, dass das Bremer Bataillon 303 auf seinem Weg von Lwiw Richtung Kyjiw an den Morden direkt beteiligt war. „Es wird wenige Kameraden aus der Kompanie gegeben haben, die an den Erschießungen nicht teilgenommen haben, es sei denn, sie waren auf Urlaub ...", erklärte einer der Beteiligten bei den Ermittlungen.

Ende September wurde das Einsatzkommando 5 ebenso wie das Polizeibataillon 303 nach Kyjiw verlegt. Als Vergeltungsaktion für Bombenanschläge des ukrainischen Widerstands nach der Eroberung von Kyjiw am 19. September 1941 hatte die SS beschlossen, die jüdische Bevölkerung von Kyjiw auszulöschen. Als Mordstätte wurde eine Schlucht in der Nähe der Stadt ausgesucht: Babyn Jar, zu deutsch „Weiberschlucht" – 200 Meter breit und 53 Meter tief. Die Absperrung des Gebietes übernahmen die Polizeibataillone 45 und das Bremer Polizeibataillon 303 unter seinem Kommandeur Major Heinrich Hannibal.

Am 28. September 1941 schlug man 2000 Plakate in der Stadt an, auf denen stand, wo sich jüdische Menschen am Morgen des 29. September sammeln sollten. „Mitzubringen sind: Papiere, Geld, Wertsachen sowie warme Kleidung. Wer nicht Folge leistet, wird erschossen", hieß es auf den Plakaten. Gleichzeitig wurde das Gerücht verbreitet, die jüdische Stadtbevölkerung würde umgesiedelt. „Obwohl man zunächst nur mit einer Beteiligung von 5000 bis 6000 Juden gerechnet hatte, fanden sich über 30 000 jüdische Menschen ein, die infolge einer überaus geschickten Organisation bis unmittelbar vor der Exekution noch an ihre Umsiedlung glaubten." Einige waren sogar von einer Umsiedlung nach Palästina ausgegangen.

Um Fluchtversuche zu verhindern, war das gesamte Gebiet weiträumig mit Stacheldraht und Ordnungspolizei abgesichert. Als sich die Juden und Jüdinnen der Schlucht näherten, zwang man sie, Schmuck, Koffer und Pelzmäntel abzugeben und sich auszuziehen. In Zehnergruppen sollten sie an den Rand der Schlucht treten. Dort wurden sie niedergeschossen. Um das Geschrei zu übertönen, flog ein Flugzeug über die Schlucht, Musik ertönte. Es schossen mehrere Gruppen des Sonderkommandos 4a, wobei sich die Einheiten jeweils nach einigen Stunden ablösten. Die Erde bewegte sich an einigen Stellen noch tagelang, weil nicht alle jüdischen Menschen tot waren, als die Erdmassen sie begruben. Das Massaker dauerte zwei Tage. Noch tagelang zählten die Mörder die Geldscheine, die sie den jüdischen Opfern abgenommen hatten – es müssen Millionen gewesen sein, die da in Säcken verpackt nach Berlin geschickt wurden.

Alle in Kyjiw eingesetzten Bataillone erhielten eine zusätzliche Ration Schnaps, einige der Polizisten schickten ihren Liebsten in Bremen Goldmünzen und Edelsteine.

Babyn Jar: Die Täter schilderten später in Vernehmungen Einzelheiten der Exekution

Kraftfahrer Fritz Höfer, Einsatzkommando 4a (Vernehmung 1959):

„Die entkleideten Juden wurden in eine Schlucht geleitet ... Wenn sie am Rande der Schlucht ankamen, wurden sie von Beamten der Schutzpolizei ergriffen und auf bereits erschossene Juden gelegt. Dies ging alles sehr schnell. Die Leichen wurden regelrecht geschichtet. So wie ein Jude da lag, kam ein Schütze von der Schutzpolizei mit der Maschinenpistole und erschoss den daliegenden durch Genickschuss. Die Juden, die in die Schlucht kamen, waren von dem Anblick dieses grausigen Bildes so erschrocken, dass sie vollkommen willenlos waren."

Kurt Werner, Sonderkommando 4a (Vernehmung 1964):

„Gleich nach meiner Ankunft im Exekutionsgelände musste ich mich zusammen mit anderen Kameraden nach unten in diese Mulde begeben. Die Juden mussten sich mit dem Gesicht zur Erde an die Muldenwände hinlegen. In der Mulde befanden sich drei Gruppen mit Schützen, mit insgesamt etwa zwölf Schützen. Gleichzeitig sind diesen Erschießungsgruppen von oben herlaufend Juden zugeführt worden. Die nachfolgenden Juden mussten sich auf die Leichen der zuvor erschossenen Juden legen. Die Schützen standen jeweils hinter den Juden und haben diese mit Genickschüssen getötet. Mir ist heute noch in Erinnerung, in welches Entsetzen die Juden kamen, die oben am Grubenrand zum ersten Mal auf die Leichen in der Grube hinunterblicken konnten."

Ob das Polizeibataillon 303 in Babyn Jar „nur" Beihilfe zum Massenmord geleistet hat oder ob einzelne Mitglieder mitgeschossen haben, ist aus den Dokumenten nicht eindeutig ersichtlich. Unter diesem Gesichtspunkt sind die Angaben des Bremer Polizeibeamten Ulrich Panzer interessant. Sein Vater Rudolf Panzer war Ausbilder des Polizeibataillons 303 in der Polizeischule in Bremen-Borgfeld. Manche der Polizeibeamten aus dem Polizeibataillon 303 hatten nach dem Krieg Kontakt zu seinem Vater gesucht, erinnert sich sein Sohn. Bei den Treffen der alten Kameraden wurde die Tür verschlossen, der Sohn bekam nur die eine oder andere Bemerkung mit. „Die haben nicht nur die Absperrung gemacht, die waren auch bei den Erschießungen dabei", ist er überzeugt.

Prozesse eingestellt

Das Massaker von Babyn Jar war einer der Anklagepunkte in den Nürnberger Prozessen. Keiner der Wehrmachtsoffiziere, die sich an der Vorbereitung, Durchführung oder Vertuschung des Massakers beteiligt hatten, musste sich vor Gericht verantworten.

Das andere in Bremen zusammengestellte Polizeibataillon mit der Nummer 105 half insbesondere bei der Deportation holländischer Juden und Jüdinnen nach Auschwitz. Für einen Holland-Einsatz gab es zusätzliche freie Tage, weswegen der Dienst in dem Bataillon unter den Bremer Polizisten beliebt war. In den Akten der Staatsanwaltschaft von 1965 sind insgesamt 48 Fälle aufgelistet, an denen das Polizeibataillon an der Ermordung von niederländischen Juden und in Russland beteiligt war. Die Bremer Staatsanwaltschaft unter Leitung von Siegfried Höffler, der in der NS-Zeit Karriere als Staatsanwalt bis hin zum Volksgerichtshof gemacht hatte, stellte 1968 alle Verfahren mit Hinweis auf § 47 des Militärstrafgesetzbuches ein – Begründung: keine Überschreitung von erteilten Befehlen, kein Ermessensspielraum.

So bestätigt die Geschichte der Bremer Polizeibataillone, dass es „ganz normale Männer" waren, die sich in Polizeiuniform an der Ermordung der Juden beteiligt hatten. Sie haben nach 1945 zu ihrer Schuld geschwiegen, und sie konnten schweigen, weil die bundesrepublikanische Gesellschaft aufgrund ihrer Verstrickung in das NS-Regime kritische Fragen weitgehend vermied. Auch in Bremen wurde mancher der mutmaßlichen Kriegsverbrecher zum Aufbau des neuen Staates „gebraucht". Zur Aufarbeitung dieser Geschichte kam es erst nach einem Generationswechsel.

Quellen:

Schneider, Karl: „Auswärts eingesetzt – Bremer Polizeibataillone und der Holocaust",
Klartext Verlag, Essen 2011.

Wolschner, Klaus: „Polizisten als Täter: Die Helfer des Massakers von Babij Jar",
in der taz von 08.10.2010.

Das Antonescu-Regime und die „Judenfrage" in Rumänien

von Ottmar Trașcă

Die antisemitische Politik des Antonescu-Regimes während des Zweiten Weltkriegs wurde während der letzten Jahrzehnte von immer mehr rumänischen und internationalen Historikern untersucht. Besonders nach Dezember 1989 wurde eine beträchtliche Anzahl von Beiträgen, Studien und Quelleneditionen veröffentlicht. Sie setzen sich mit der Stellung und der Rolle der jüdischen Minderheit in der rumänischen Gesellschaft auseinander, mit ihren Beziehungen zum rumänischen Staat, den antisemitischen Gesetzen des Antonescu-Regimes und den Deportations- und Vernichtungsaktionen gegen die jüdische Bevölkerung aus Bessarabien, der Nordbukowina und Transnistrien.

Nach jetzigem Forschungsstand geht aus den Untersuchungen eindeutig hervor, dass die „Judenfrage" die Beziehungen zwischen Rumänien und dem Deutschen Reich, zumindest für die Zeitspanne zwischen September 1940 bis Dezember 1941, nicht entscheidend beeinflusst hat. Auch wenn der deutsche Propagandaminister Joseph Goebbels im Herbst 1940 meinte: „Die Judenfrage ist das Kernproblem Rumäniens. Jeder 10. Mensch ein Jude", so war die „Regelung der Judenfrage in Rumänien" doch kein Thema auf der Tagesordnung der hochrangigen rumänisch-deutschen Treffen, wie dies bei Ungarn oder Bulgarien der Fall gewesen war. Das „Dritte Reich" hat zwischen September 1940 und Ende 1941 der Durchführung antijüdischer Maßnahmen in den verbündeten Staaten, wie Rumänien, keine besondere Aufmerksamkeit geschenkt und sie auch nicht unter Druck gesetzt.

In der einjährigen Zeitspanne zwischen der Niederlage Frankreichs (Juni 1940) und dem Beginn der Operation „Barbarossa" (Juni 1941) befand sich der „Madagaskarplan" auf der Tagesordnung. Das Auswärtige Amt fertigte diesen in Zusammenarbeit mit dem Reichssicherheitshauptamt an. Er sah vor, alle Juden aus dem vom „Reich" kontrollierten Europa auf die Insel Madagaskar zu deportieren. Der Plan wurde undurchführbar, nachdem die Luftwaffe eine Niederlage in der Schlacht um England erfahren hatte und sich damit die militärische Situation in Westeuropa änderte. Folglich fand nach dem Beginn des deutsch-sowjetischen Krieges am 22. Juni 1941 in der vom „Dritten Reich" propagierten Politik in den „jüdischen Angelegenheiten" eine radikale Wende statt. Die auf der Wannseekonferenz beschlossene „Endlösung" – die physische Vernichtung des jüdischen Volkes – hatte allerdings im Osten schon lange begonnen. In Rumänien wurde auf Initiative des Antonescu-Regimes die Umsetzung antisemitischer Maßnahmen verwirklicht. In diesem Bereich war das Antonescu-Regime in den Jahren 1941/42 von der reichen deutschen „Erfahrung" „inspiriert".

Mit der Etablierung der „nationallegionären" Regierung im September 1940 begann eine neue Welle nationaler „Homogenisierungspolitik", deren Hauptziel zunächst die Entfernung der Juden aus den Wirtschaftsstrukturen und leitenden Positionen war. Obwohl die „Rumänisierung" ein Ziel darstellte, das die politische Klasse in Rumänien seit dem Ende des 19. Jahrhunderts konsequent verfolgt hatte, unterschied sich das „nationallegionäre" Regime von den früheren Regierungen radikal. Denn der sogenannte Rumänisierungsprozess richtete sich fast ausschließlich gegen die jüdische Minderheit. Dabei griff die Legionärsbewegung auf terroristische Methoden zurück, die es in der Geschichte Rumäniens so vorher nicht gegeben hatte.

Die Äußerungen Ion Antonescus im Januar 1941 ließen keinen Zweifel an seiner Absicht, die antisemitische Politik des „nationallegionären" Regimes fortzusetzen und nationalsozialistische Vorbilder in der „Lösung" der „jüdischen Frage" anzuwenden.

Der Staatsführer beschimpfte die Juden als „Feinde der Nation" oder „Misteln" bereits zu einer Zeit, als es noch keinen Druck seitens des „Dritten Reiches" in dieser Angelegenheit gab. Diese Rhetorik widerspiegelte seine eigenen Überzeugungen und skizzierte bereits die Idee der Vernichtung der Juden, die dann unmittelbar nach dem Ausbruch der Kriegshandlungen gegen die Sowjetunion vom Antonescu-Regime durchgeführt wurde.

Nach diesen Aussagen folgten bald konkrete Maßnahmen. Auf ausdrücklichen Wunsch der rumänischen Regierung kam im März 1941 eine Gruppe „deutscher Sachverständiger" in die rumänische Hauptstadt, um die Antonescu-Regierung zu „beraten". Unter den Deutschen befand sich auch der SS-Sturmbannführer Gustav Richter, der zwischen dem 1. April 1941 und dem 23. August 1944 das Amt des „Beraters für Juden- und Arisierungsfragen" innerhalb der deutschen Gesandtschaft in Bukarest bekleidete. Er war an der Ausarbeitung der neuen, antisemitischen Gesetze nach dem bestehenden Muster in Deutschland sowie an der Vorbereitung der endgültigen „Lösung der Judenfrage" in Rumänien beteiligt.

Massaker an Juden

Gleich nach Beginn des Krieges gegen die Sowjetunion führte das Antonescu-Regime Massaker an Juden durch, ausgeführt durch die rumänischen Dienststellen (Armee, Gendarmerie und Polizei) in Jassy (heute Iași), Bessarabien, in der Bukowina, Odesa und Transnistrien. Im Herbst 1941 wurden Überlebende dieser Tötungsaktion in die Lager und Ghettos in Transnistrien deportiert. Der Radikalismus, der die Umsetzung der „rumänischen Lösung der Judenfrage" – wie sie in der Geschichtsschreibung genannt wurde – charakterisierte, hat selbst die Führung des „Dritten Reiches" überrascht. So sagte Adolf Hitler am 19. August 1941 gegenüber Propagandaminister Joseph Goebbels: „Und was die Judenfrage anlangt, so kann man heute jedenfalls feststellen, dass zum Beispiel ein Mann wie Antonescu in dieser Angelegenheit noch viel radikaler vorgeht, als wir das bisher getan haben."

Die rumänische Armee schloss sich der Wehrmacht im Rahmen der Operation „Barbarossa" an. Die gemeinsamen rumänisch-deutschen militärischen Operationen auf der südlichen Flanke der Ostfront, in die die 11. deutsche Armee und die 3. und 4. rumänische Armee verwickelt wurden, führten bis Ende Juli 1941 zur Rückführung von Bessarabien und der Nordbukowina in das rumänische Staatsgebiet. Das waren die zwei rumänischen Provinzen, die die UdSSR als Folge von zwei sowjetischen Ultimaten im Juni 1940 annektiert hatte. Gemäß dem deutsch-rumänischen Abkommen vom 30. August 1941 sollte Transnistrien, das Gebiet zwischen dem Dnister und dem Bug, unter rumänische Verwaltung gestellt werden. Transnistrien wurde in kurzer Zeit zu einem „wirklichen ethnischen Grab Rumäniens". Hier ging eine große Zahl der aus anderen Provinzen Rumäniens und der Ukraine deportierten Juden und Jüdinnen einem elenden Tod entgegen. Allein in den Lagern und Ghettos von Transnistrien sind im Zeitraum zwischen 1941 und 1944 etwa 150 000 bis 210 000 Juden ums Leben gekommen. So wurde zum Beispiel im Ort Berschad im jetzigen Gebiet Winnyzja das größte Ghetto in Transnistrien mit 20 000 deportierten Juden aus Bessarabien errichtet. In diesem Ghetto, wie in zahlreichen anderen Lagern und Kolonien in Transnistrien, brach im Winter 1941/42 eine tödliche Typhusepidemie aus. Jeder Zweite von circa 24 000 Juden, die in Berschad vor dem Ausbruch der Epidemie lebten, ist durch die Typhusepidemie gestorben.

Während die rumänischen Behörden die Verwaltung der Provinz Transnistrien übernahmen, beschloss Marschall Ion Antonescu nach einem Briefwechsel mit Adolf Hitler, dass die rumänische Armee die militärischen Operationen an der Seite der Wehrmacht fortsetzen und tiefer in sowjetisches Gebiet eindringen sollte. Im August 1941 beteiligten sich Einheiten der 3. rumänischen Armee gemeinsam mit der 11. deutschen Armee am Durchbruch der „Stalin-Verteidigungslinie" und anschließend an der großen Schlacht um Kyjiw. Die 4. rumänische Armee hatte den Befehl bekommen, Transnistrien mit dem wichtigsten Hafen, Odesa, zu erobern.

Die lange Belagerung von Odesa durch die 4. rumänische Armee (18. August bis 16. Oktober 1941) zeigte die großen Mängel des rumänischen Heeres, was Ausbildung, Ausrüstung und Führungsmethoden betraf. Infolge der Dauer der Belagerung wie auch wegen der großen Verluste der 4. Armee radikalisierte sich die antisemitische Rhetorik des Marschalls Antonescu. Der Umfang der rumänischen Verluste auf dem Schlachtfeld sowie der erbitterte, geradezu fanatische Widerstand der sowjetischen Truppen veranlassten Marschall Antonescu, die Verantwortung dafür immer mehr den Juden aus den eroberten Gebieten und den „jüdisch-bolschewistischen Kommissaren" zuzuschreiben.

Diese Radikalisierung geht beispielsweise aus einer Weisung hervor, die Marschall Antonescu dem stellvertretenden Ministerpräsidenten Mihai Antonescu am 5. September 1941 an die Front vor Odesa schickte.

> „Die Frontsoldaten sind in großer Gefahr, verwundet oder getötet zu werden, wegen der jüdischen Kommissare, die mit einer teuflischen Hartnäckigkeit die Russen von hinten mit dem Revolver nach vorne treiben, bis diese bis zum letzten Mann in den Stellungen sterben. Dies habe ich erfahren und ich bin empört.

Alle Juden sollen in die Lager zurückgebracht werden, zu wünschen wäre in jene aus Bessarabien, weil ich sie von dort nach Transnistrien abschieben werde und sofort von meinen jetzigen Sorgen befreit wäre. Es ist ein Kampf auf Leben und Tod. Es muss für alle verständlich sein, dass es kein Kampf mit den Slawen ist, sondern einer mit den Juden. Entweder siegen wir und die Welt wird gereinigt, oder sie siegen und wir werden ihre Sklaven. Folglich wäre ihre Schonung im Inneren eine Schwäche, die unseren Sieg in Gefahr setzen würde. Um zu siegen, müssen wir in unserer Haltung entschlossen sein. Das müssen alle wissen. Nicht die Wirtschaft hat in diesen Augenblicken den Vorrang, sondern der Wille der Nation selbst. Der Krieg im Allgemeinen und die Kämpfe von Odesa haben mit Übermaß bewiesen, dass Satan der Jude ist. Von daher unsere riesigen Verluste. Ohne die jüdischen Kommissare wären wir schon längst in Odesa."

Die sprachliche Aggressivität der Weisung und die Beleidigungen, die Marschall Antonescu den Juden gegenüber benutzt, sowie die absurden Anklagen, die der rumänische Staatsführer ihnen gegenüber vorbringt, beweisen den rein rassistischen Charakter der antisemitischen Auffassungen Ion Antonescus. Aufgrund ihres Radikalismus und ihres rassistischen Inhalts können diese Äußerungen mit dem von Adolf Hitler vertretenen Antisemitismus gleichgesetzt werden. Diese Weisung hatte entscheidende Folgen für die Juden aus Odesa und erklärt die Härte der von den rumänischen Behörden getroffenen Maßnahmen gegen sie.

Der Massenmord an den Juden von Odesa

Im Oktober 1941 lebten in Odesa 80 000 bis 90 000 Jüdinnen und Juden, die ganz im Gegensatz zur offiziellen rumänischen Propaganda nicht zu den Privilegierten des bolschewistischen Regimes gehört hatten. Es gibt viele Hinweise, dass die sowjetischen Behörden während der Belagerung von Odesa durch die 4. rumänische Armee Hunderte von Juden unter erfundenen Vorwänden hingerichtet haben. Das rumänische Militär nahm Odesa am 16. Oktober ein. Bei der langen andauernden Belagerung der Stadt verstärkten Teile der 11. Armee der deutschen Wehrmacht die rumänischen Truppen. Es war kein triumphaler Einmarsch eines siegreichen Heeres, sondern eher die Besetzung einer Stadt, die von den erschöpften Verteidigern verlassen worden war, einer Stadt, deren Bevölkerung die Eroberer verachtete, die sie als „ausgehungerte und verachtungswürdige Fremdlinge" betrachtete.

Wie zu erwarten war, wurden die Vertreibung und Ermordung der Juden aus Odesa vom ersten Augenblick der rumänischen Okkupation an zum Hauptziel der neuen Herrscher. Das Schicksal der Juden aus Odesa wurde durch einen Anschlag am Nachmittag des 22. Oktobers 1941 besiegelt, als das Gebäude des rumänischen Stadtkommandanten – das ehemalige NKWD-Gebäude – in die Luft gesprengt wurde. Die Reaktion des rumänischen Staatsführers Antonescu ließ nicht lange auf sich warten. Am 22./23. Oktober 1941 befahl Marschall Antonescu den rumänischen militärischen Dienststellen, „drastische Vergeltungsmaßnahmen" gegen die jüdische Bevölkerung in Odesa durchzuführen. Die Folge dieser Befehle war ein Massenmord, der am 24. Oktober 1941 stattgefunden hat.

Mindestens 22 000 Jüdinnen und Juden (anderen Quellen zufolge waren es 40 000) wurden vom rumänischen Militär nach Dalnik in der Nähe von Odesa getrieben und in verlassene Munitionsbaracken der Roten Armee gesperrt. Die Lagerhäuser wurden zunächst mit Maschinengewehren beschossen und dann in Brand gesetzt. An einem Lagerhaus wurden Minen befestigt und es wurde zur selben Uhrzeit in die Luft gesprengt, zu der das Gebäude des Militärkommandos explodiert war, also um 17.45 Uhr.

Die Juden und Jüdinnen, die in Odesa diese Ereignisse überlebt hatten, wurden zu Beginn des Jahres 1942 deportiert. Die rumänische Herrschaft vom 17. Oktober 1941 bis Mitte März 1942 – die Deportation war größtenteils beendet – wurde für die Juden aus Odesa zu einem Synonym für ein Terror- und Vernichtungsregime. 25 000 bis 40 000 jüdische Menschen waren ermordet worden und ungefähr 60 000 Juden wurden deportiert.

Die antisemitische Politik des Antonescu-Regimes betraf nicht nur die Juden aus der Bukowina, Bessarabien und Transnistrien, sondern auch die Juden aus dem Altreich, das schon vor dem Ersten Weltkrieg zu Rumänien gehört hatte, aus Siebenbürgen und dem Banat. Obwohl die Juden aus diesen Provinzen im Jahre 1941 und in der ersten Hälfte des Jahres 1942 besser behandelt wurden als die Glaubensgenossen aus Bessarabien, aus der Bukowina und Transnistrien, hing ihr Schicksal im Sommer 1942 an einem Haar. Ion Antonescu schob ihre Deportation zunächst auf, und Ende 1942 verzichtete er auf die Deportation. Diese Entwicklung wurde durch die Einschätzung des Marschalls beeinflusst, dass Deutschland nach der Niederlage von Stalingrad den Krieg bereits verloren habe. Er wollte die Kontakte zu den Alliierten im Hinblick auf einen Ausstieg aus dem Krieg wieder aufnehmen. Für die Wiederaufnahme der mehr oder weniger offiziellen Kontakte mit den Alliierten konnte sich eine „menschlichere Politik" gegenüber der jüdischen Bevölkerung in Rumänien als kostbares politisches Kapital erweisen.

Darüber hinaus hatte das Einverständnis der Antonescu-Regierung, in den Jahren 1943 und 1944 zahlreiche Juden aus Rumänien nach Palästina auswandern zu lassen, nicht nur politische, sondern auch wirtschaftliche Gründe. Das Regime erhielt durch die Einführung von „Auswanderungsgebühren" riesige Geldsummen für das Staatskonto. Das nationalsozialistische Deutschland war sichtlich unzufrieden mit den Veränderungen, die gegen Ende des Jahres 1942 in der antisemitischen Politik der rumänischen Regierung begannen. Doch Berlin intervenierte wiederholte Male erfolglos bei den Machthabern in Bukarest.

Aufgrund von veröffentlichten und unveröffentlichten Quellen kann festgehalten werden, dass die Politik des Antonescu-Regimes gegenüber den Juden während des Zweiten Weltkriegs von taktischen und pragmatischen Überlegungen bestimmt war und im Allgemeinen der Außenpolitik Rumäniens folgte. Obwohl der Einfluss des nationalsozialistischen Deutschlands auf die antisemitische Politik des Kabinetts unter Marschall Ion Antonescu vor allem in den Jahren 1941 und 1942 spürbar war, konnte Deutschland der rumänischen Regierung die Anwendung der Massendeportationen nicht auferlegen, wie es zum Beispiel in Kroatien und der Slowakei sowie – nach dem 19. März 1944 – in Ungarn geschah. Die Errichtung von Ghettos, die Deportationen und Massaker an Hunderttausenden von Jüdinnen und Juden in der Bukowina, Bessarabien, Transnistrien, Odesa, Iași und anderen Orten in den Jahren 1941 und 1942 sowie die Pläne, die Juden aus dem Banat, Südsiebenbürgen und dem gesamten rumänischen Altreich zu deportieren, waren vor allem Initiativen des Regimes unter der Führung von Marschall Ion Antonescu. Somit liegt die politische und historische Verantwortung für diese Staatsverbrechen beim Staatsoberhaupt Rumäniens und den untergeordneten rumänischen Behörden.

Wolodymyr Koltschinskyj – eine Lebensgeschichte

von Nikolaus von Twickel

Wolodymyr Koltschinskyj war einer der letzten Überlebenden des Massakers von Odesa. Am 16. Mai 2020 ist er mit 94 Jahren in seiner Heimatstadt gestorben.

Im Oktober 1941 rettete eine Straßenbahn Wolodymyr Koltschinskyj das Leben. Der damals 16-Jährige entkam dem Massaker von Odesa, in dem rund 25 000 Menschen überwiegend jüdischer Herkunft grausam ermordet wurden, indem er in einen abgestellten Straßenbahnwaggon sprang.

Am 22. Oktober hatten die deutschen und rumänischen Besatzer in der Hafenstadt am Schwarzen Meer Tausende Menschen im Stadtzentrum zusammengetrieben und anschließend stundenlang durch die Stadt marschieren lassen. Unter den Opfern waren auch der aus einer jüdischen Familie stammende Koltschinskyj und seine Mutter. Sein Vater Jakow und sein großer Bruder kämpften in den Reihen der Roten Armee.

Es war ein Todesmarsch. Am Morgen des 22. Oktober hatte eine Bombe im rumänischen Hauptquartier viele Menschen getötet, darunter den Stadtkommandanten Ion Glogojanu. Die Besatzer machten Kommunisten und Juden für die Explosion verantwortlich und befahlen Massenverhaftungen und Exekutionen. Jüdische Menschen mussten sich an einer Fabrik im Stadtzentrum sammeln.

Koltschinskyj erinnert sich, dass die zentrale Preobraschenskastraße von Galgen mit Erhängten gesäumt war. An den toten Körpern prangte die Aufschrift „Partisan". Rumänische Soldaten mit Hunden trieben die Massen durch die Straßen, Alte, Frauen und Kinder; wer hinfiel, wurde schnell wieder hochgezerrt. Ziel war ein aufgelassenes Munitionsdepot entlang der nach einem von Schwarzmeerdeutschen gegründeten Badeort benannten Ljustdorfstraße im Süden der Stadt. Koltschinskyj hat die Bilder des schrecklichen Tages noch im Kopf. Aber noch mehr, sagt er, habe sich bei ihm das Geräusch der Menge eingeprägt – „es war ein dröhnendes Stimmengewirr", sagt er.

Mitten in dieser verzweifelten Lage gelang ihm die lebensrettende Flucht. Immer wieder erinnert sich der heute 94-Jährige an die letzten Worte seiner Mutter. Sie, die sonst stets sanft gewesen sei, hielt ihn an und sagte streng:

> „Wir werden zum Sterben geführt – aber du, Wolodja, musst am Leben bleiben. Und dann kehrt Papa zurück und du musst ihm alles erzählen."

Im Nachhinein erwies sich das als prophetisch. „Aber woher sie das wusste, das kann ich Ihnen nicht sagen", murmelt er. Noch heute kommen Koltschinskyj bei der Erinnerung die Tränen. „Wenn ich darüber rede, erlebe ich das alles wieder", sagt er.

„Ich musste einfach etwas tun", erzählt er weiter. Die entscheidende Chance ergab sich in einer engen Straße: „Da stand eine (abgestellte) Straßenbahn, und die Rumänen waren gezwungen, auf der anderen Seite zu gehen." Kurz aus dem Blickfeld der Aufpasser, sprang er in den Waggon und versteckte sich unter einer Sitzbank. „Da blieb ich, bis es dunkel wurde."

Die anderen Opfer wurden in die Munitionsbaracken gesperrt, die dann angezündet wurden. Die meisten von ihnen verbrannten bei lebendigem Leib. Wer zu fliehen versuchte, wurde von Maschinengewehrsalven und Handgranaten getötet. Nachher, erinnert sich Koltschinskyj, „war in der ganzen Stadt der Geruch von verbranntem Fleisch in der Luft."

Als sowjetische Behörden 1944 an der Stelle nach Leichen graben ließen, fand man die sterblichen Überreste von mehr als 22 000 Menschen. Sie wurden nie bestattet.

Der 16-Jährige war am Leben geblieben, aber für ihn begann die vielleicht schwerste Zeit seines Lebens. Wo sollte er unterkommen? Wer jüdische Menschen versteckte, riskierte, standrechtlich erschossen zu werden. „Ich hatte nichts zu essen, nichts zu wohnen." Ein Freund, der bulgarischer Abstammung war, nahm ihn für eine Nacht auf, aber setzte ihn morgens vor die Tür, weil seine Eltern kein Risiko eingehen wollten.

Gerettet wurde er von zwei jugendlichen Schwestern, die mit ihm in eine leerstehende Wohnung zogen und ihm Papiere eines gleichaltrigen Verwandten besorgten, mit denen Koltschinskyj sich ausweisen konnte.

Als Odesa 1944 befreit wurde, kehrte sein Vater aus einem Lazarett in Sibirien zurück – so, wie es seine Mutter vorhergesagt hatte. Der nun volljährige Koltschinskyj begann eine Unteroffiziersausbildung in der Roten Armee. Sieben Jahre lang diente er als Soldat. Nach seinem Ausscheiden 1951, sagt er, musste er sein Leben wieder ganz von vorn beginnen. 23 Jahre lang arbeitete er in der Zieherei des Odesaer Dserschinki-Stahlwerks.

Doch vorher nahm Koltschinskyj an den letzten Schlachten des Weltkriegs teil. Mit einem sowjetischen Sturmbataillon rückte er über die Weichsel bei Warschau nach Süden an die Oder bei Breslau vor, um dann nach Auschwitz vorzustoßen. „Es wäre untertrieben, zu sagen, dass wir vorgerückt sind. Wir sind vorgestürmt und haben dabei alles niedergekämpft", erinnert er sich.

Am 27. Januar 1945 befreiten die sowjetischen Truppen Auschwitz. Von dem berüchtigten Konzentrationslager ist Koltschinskyj neben den riesigen Gasöfen zur Leichenverbrennung ein Lagerraum im Gedächtnis geblieben, wo Schuhe, Menschenhaar und Säcke mit menschlicher Asche säuberlich aufbewahrt wurden.

Koltschinskyj räumt ein, dass es einige Zeit dauerte, bis er die Dimension des Verbrechens verstand: „Zuerst haben wir nicht geglaubt, dass man so etwas tun würde, um Juden zu vernichten. Das erschien uns einfach unmenschlich."

Aber Koltschinskyj hat deshalb nie einen Hass gegen Deutschland entwickelt. Als er Jahre später als sowjetischer Gewerkschaftsfunktionär in die DDR reiste, wurde seine Delegation in einer Kita von Vierjährigen auf Knien als „Befreier" begrüßt. Das war ihm dann zu viel: „Ich nahm die Kindergärtnerin beiseite und sagte ihr, dass das übertrieben sei. Man kann diese Kinder doch nicht für die Fehler ihrer Väter und Großväter verantwortlich machen", erinnert er sich.

Das Zentrum Liberale Moderne setzt sich dafür ein, dass der Vernichtungsort an der Ljustdorfstraße von einem Parkplatz zu einem würdigen Gedenkort umgestaltet wird.

Mit diesem QR-Code gelangen Sie zur Videoaufzeichnung unseres Interviews mit Wolodymyr Koltschinskyj.

KAPITEL 3

ERINNERUNG UND VERANTWORTUNG

Verdrängte Erinnerung an den Holocaust

von Irina Scherbakowa

In den Gebieten der Sowjetunion, die von der Hitler-Armee und ihren Verbündeten besetzt waren, befanden sich über drei Millionen Juden. Nach unterschiedlichen Angaben sind von ihnen 2,6 bis 2,8 Millionen ermordet worden – fast die Hälfte aller jüdischen Opfer in Europa.

Die Vernichtung von Juden begann schon in den ersten Wochen nach dem Kriegsbeginn 1941 – durch Massenerschießungen, die faktisch vor den Augen der örtlichen Bevölkerungen geschahen. Niemand konnte behaupten, man habe nicht gewusst, was mit den jüdischen Nachbarn passiert sei.

Die ersten Berichte über die Massenmorde an Juden erreichten die sowjetische Führung schon sehr bald. Im August 1941 wurde in Moskau eine Radiosendung mit namhaften jüdischen Persönlichkeiten organisiert, die ihre jüdischen Mitbürger zum Widerstand aufriefen. Im November 1941 schrieb die Zeitung „Prawda" über den Massenmord an Jüdinnen und Juden in Kyjiw – in Babyn Jar.

Aber schon 1942 begann die sowjetische Propaganda, die ständig von den Gräueltaten der deutschen Besatzer berichtete, das schrecklichste Verbrechen – die Massenmorde an den jüdischen Menschen – zu verschweigen. Damit wollte man der deutschen Propaganda entgegenwirken, die die Befreiung vom „Judäo-Bolschewismus" verkündete und Flugblätter mit Karikaturen Stalins verbreitete, auf denen der sowjetische Führer mit semitischen Klischees und Davidstern dargestellt war.

Der schlummernde Antisemitismus, der in der Sowjetunion (trotz des proklamierten Internationalismus) nie verschwand, nahm in allen besetzten Gebieten stark zu. Der deutsche Überfall löste an vielen Orten Pogrome gegen Jüdinnen und Juden aus, vor allem in den erst nach 1939 von der Sowjetunion annektierten Territorien. Manche Vertreter der örtlichen Bevölkerung traten bei den Besatzern in Dienst und nahmen aktiv an der Vernichtung der Juden teil. Aber auch die übrige Bevölkerung half den Juden (die ein Versteck suchten oder einfach nach Brot und Wasser fragten) nur in seltenen Fällen. Die Partisanengruppen weigerten sich, in die Wälder geflüchtete Juden aufzunehmen, leisteten ihnen keine Hilfe und wurden dazu von der sowjetischen Führung auch nicht aufgefordert.

Die stalinistische Führung, die die breite Öffentlichkeit über den Massenmord an Juden nicht informierte, wollte damit den Eindruck verhindern, dass die deutschen Besatzer nur in Juden und Kommunisten ihre Feinde sehen und alle anderen ihr Leben weiter „normal" führen könnten. Deshalb wollte man auf keinen Fall die Juden als Hauptopfer darstellen. So entstand eine verschleiernde Formel – man berichtete offiziell lediglich von Opfern unter „friedlichen Sowjetbürgern". Sogar als die sowjetische Presse über die Befreiung von Auschwitz berichtete, wurde nicht erwähnt, dass dort hauptsächlich Jüdinnen und Juden ermordet worden waren.

Dieses Verschweigen wurde von einem verdeckten, aber schon deutlich antisemitischen Kurs der sowjetischen Führung begleitet. Seit dem Winter 1942 erteilte die Abteilung für Agitation und Propaganda des Zentralkomitees (ZK) der Kommunistischen Partei Anweisungen gegen „die Einnistung der Juden" in verschiedenen Strukturen, vor allem im ideologischen und kulturellen Bereich. Das führte zu Entlassungen von Jüdinnen und Juden, in erster Linie aus leitenden Positionen. Allmählich nahm diese Tendenz zu. In der Armee wurden oft die Rotarmisten jüdischer Herkunft von den Auszeichnungslisten gestrichen.

Antijüdische Lügen und Klischees wurden verbreitet, zum Beispiel, dass die Juden keinen Widerstand gegen die deutschen Besatzer leisteten, sich vor der Front drückten, nicht in der Roten Armee kämpften. Nach der Befreiung kam es an vielen Orten, wohin überlebende Juden zurückkehrten, zu antisemitischen Vorfällen. In Kyjiw beispielsweise kam es im September 1945 zu einem regelrechten Pogrom. Solche Ausschreitungen wurden von den sowjetischen Behörden unterbunden, aber die antijüdischen Stimmungen wurden nicht bekämpft. Die Politik des Verschweigens des Holocausts wurde auch nach dem Kriegsende fortgesetzt.

Das zeigte sich auch am Beispiel des „Schwarzen Buches", das nationalsozialistische Verbrechen gegen die jüdische Bevölkerung in der UdSSR dokumentieren sollte. Diese Dokumentation wurde vom Jüdischen Antifaschistischen Komitee vorbereitet, das 1942 von bekannten Persönlichkeiten jüdischer Herkunft gegründet worden war. Das „Schwarze Buch" wurde unter der Leitung des sowjetischen Publizisten Ilja Ehrenburg und des Schriftstellers Wassili Grossman zusammengestellt, 1946 war es druckfertig. Aber eine ZK-Kommission verbot die Publikation. Die Begründung dafür lautete, dass das „Schwarze Buch" eine „falsche Vorstellung von der wahren Natur des Faschismus" vermittle, weil es den Eindruck erwecke, dass „die Deutschen gegen die UdSSR nur mit dem Ziel gekämpft hätten, die Juden auszurotten", und weil dort zu viel über Kollaborateure berichtet werde und dass dies „die Verantwortung, die den Deutschen gelten sollte, schwächt".

Aber dennoch erwachten bei vielen jüdischen Menschen in der Sowjetunion nach der Holocausttragödie patriotische Gefühle. „Das Jüdische" in ihnen wurde wieder wach, das in den 1920 und 1930er-Jahren als eine Form des bürgerlichen Nationalismus verurteilt worden war. Nun begrüßten viele sowjetische Juden die Gründung des Staates Israel. Der Besuch von Golda Meir in der Sowjetunion im Herbst 1948 rief bei ihnen großen Enthusiasmus hervor.

Als aber für Stalin klar wurde, dass Israel seinen politischen Zielen nicht folgen würde, verstärkte er den antisemitischen Charakter seiner Politik. 1948 wurde das Jüdische Antifaschistische Komitee aufgelöst, viele seiner Mitglieder wurden verhaftet, gefoltert und erschossen. Das Sammeln von Dokumenten über die Judenvernichtung wurde auf eine makabre Weise zu einem der Hauptanklagepunkte. Es galt nun als Versuch, die Juden in einer nationalistischen Weise als Hauptopfer auszuwählen.

Die letzten Jahre von Stalins Herrschaft wurden von antisemitischen Kampagnen begleitet, vom Kampf gegen „heimatlose Kosmopoliten" (damit waren Kulturschaffende mit jüdischer Herkunft gemeint); es gab Verhaftungen von Ärzten (vor allem jüdischer Herkunft), die beschuldigt wurden, Stalin und andere Politbüromitglieder töten zu wollen. Kein Wunder, dass am Vorabend von Stalins Tod die Gerüchte kursierten, dass Stalin die Deportation von Juden aus Großstädten plane.

In Babyn Jar gibt es keine Denkmäler ...

Nach Stalins Tod schwächte sich der antisemitische Kurs in der Sowjetunion etwas ab. Der Prozess gegen die jüdischen Ärzte wurde eingestellt, so auch die Massenentlassungen von Juden. In der kurzen Tauwetterzeit unter Nikita Chruschtschow konnten einige Bücher veröffentlicht werden, die vom Holocaust erzählten. Zu den bekanntesten gehörte „Das Tagebuch der Anne Frank", das in der russischen Übersetzung 1960 erschienen ist.

Es häuften sich Initiativen, an den Orten der Massenerschießungen Denkmäler aufzustellen, mit jüdischer Symbolik und Aufschriften, dass hier Juden liegen. Solche Versuche gab es schon nach dem Kriegsende, doch sie wurden in den meisten Fällen nicht zugelassen.

In den 1960er-Jahren entfaltete sich ein regelrechter Kampf um das Denkmal in Babyn Jar. Die Kyjiwer Stadtbehörden wollten Babyn Jar einebnen, um dort ein Sportstadion zu bauen. Protestbriefe hatten keine Wirkung. Schließlich wurde im Rahmen von Bauarbeiten Wasser aus einem benachbarten Steinbruch in die Schlucht gepumpt. Im März 1961 führte das zu einer Katastrophe: Das angesammelte Wasser vermischte sich mit tauendem Schnee und dem Lehm einer nahegelegenen Backsteinfabrik. Eine vierzehn Meter hohe Schlammlawine löste sich und begrub zahlreiche nahe gelegene Häuser und hunderte Menschen unter sich. Auch diese Tragödie wurde verschwiegen; die Toten (offiziell 145, neuere ukrainische Forschungen sprechen von 1500 Opfern, Anm. d. Red.) wurden heimlich begraben. Eine urbane Legende in Kyjiw deutete später die Schlammlawine von Kureniwka als Strafe für die Missachtung der jüdischen Opfer.

Ein Denkmal in Babyn Jar wurde erst 1976 errichtet und auf ihm fand sich kein Wort davon, dass hier Juden und Jüdinnen erschossen worden waren. Babyn Jar wurde zum halbverbotenen Symbol für den Holocaust, nicht zuletzt durch das Gedicht „Babi Jar" von Ewgenij Jewtuschenko, das 1961 veröffentlicht wurde und stürmische Reaktionen in der sowjetischen Gesellschaft auslöste.

Einer wirklichen Aufarbeitung des Holocausts in der Sowjetunion stand – wenn auch in milderer Form im Vergleich zu Stalins Zeiten – eine fortdauernde antisemitische, diskriminierende Politik der sowjetischen Führung im Wege. Das zeigte beispielsweise die Reaktion Chruschtschows bei einem Treffen mit Kunst- und Kulturschaffenden im März 1963, als er zu verstehen gab, dass dieses Thema auch weiterhin tabu bleiben solle. Über das Gedicht von Jewtuschenko sagte er:

Mascha Bruskina (1924 - 1941) und andere russisch-jüdische Widerstandskämpfer, die von den Deutschen am 26. Oktober 1941 in Minsk erhängt wurden. Quelle: Wikimedia, Fotograf unbekannt, Public Domain

„Wofür wird diese Dichtung kritisiert? Dafür, dass der Autor nicht in der Lage war, den Massenmord der faschistischen Verbrecher in Babyn Jar richtig darzustellen und zu verurteilen. In dem Gedicht wird es so gezeigt, als sei nur die jüdische Bevölkerung Opfer der faschistischen Verbrechen geworden, wo doch nicht wenige Russen, Ukrainer und Sowjetbürger anderer Nationalitäten durch die Hand der hitlerischen Henker ums Leben kamen [...] Es gibt bei uns keine ‚jüdische Frage', und die, die über so eine reden, sprechen mit falscher Stimme!"

Bis zur Perestroika war die öffentliche Erinnerung an den Holocaust und auch an den jüdischen Widerstand faktisch verboten. Ob der Aufstand im Warschauer Ghetto, der Aufstand in Sobibor, jüdische Partisanen – all diese Themen wurden von der Zensur nicht zugelassen.

Bezeichnend war die Geschichte der Widerstandskämpferin Mascha Bruskina, die 1941 in Minsk hingerichtet worden war und die auf einem weltbekannten Foto abgebildet ist. Lange Zeit galt sie als unbekannte Partisanin, obwohl man in Minsk ihren Namen längst kannte. Aber man wollte ihn nicht offen nennen, weil man nicht zugeben wollte, dass sie Jüdin gewesen war. Eine Tafel mit ihrem Namen wurde in Minsk erst 2008 angebracht.

In den Unterrichtsprogrammen für die Schulen gab es viel Stoff über den „Großen Vaterländischen Krieg", aber das Schicksal der Juden wurde kaum erwähnt, alle Opfer hießen lediglich „friedliche Sowjetbürger". Auch die Geschichte der nationalsozialistischen Konzentrationslager wurde nicht mit jüdischen Opfern in Verbindung gebracht. Im sowjetischen Diskurs war nicht Auschwitz, sondern Buchenwald das wichtigste Symbol für Konzentrationslager. Im Falle von

Buchenwald musste man nicht über Juden sprechen, man konnte ein stark verschönertes Bild der internationalen Solidarität und des antifaschistischen Widerstandskampfes aufbauen.

Der Holocaust wurde damit ein von Dissidenten gepflegtes Thema der nonkonformistischen Erinnerung, die neben der Selbstidentifizierungsfunktion für viele sowjetische Juden zu einer Form des Widerstands wurde. Im Samisdat (Anm. d. Red.: Selbstverlag) kursierte die entsprechende Literatur, lokale Aktivisten organisierten inoffizielle Kundgebungen an den Orten der Massenerschießungen (an der Minsk-Grube, in Babyn Jar, in Rumbula bei Riga).

Gleichzeitig machten sich in den dissidentischen Kreisen Tendenzen bemerkbar, den Holocaust als „fremde Tragödie" zu betrachten, getrennt von der Idee des Kampfes für die nationale Befreiung (in Litauen, in der Ukraine).

Was bleibt

Mit dem Ende der Sowjetunion ist auch der staatliche Antisemitismus verschwunden. Weder bei der Arbeitsaufnahme noch bei den Studienplätzen spielt es jetzt eine Rolle, ob man Jude ist. Aus den Personalausweisen der russischen Bürger wurde der Punkt „Nationalität" entfernt.

Mit der Absage an die antisemitische Politik wurde auch das Thema Holocaust enttabuisiert. Schon 1991 ist in Moskau ein wissenschaftliches Zentrum für Holocaustforschung und Holocaustaufklärung gegründet worden. Filme, Bücher, Archivdokumente sind zugänglich geworden. Auch das „Schwarze Buch" konnte endlich veröffentlicht werden. An vielen Orten, wo Juden ermordet worden waren, wurden Denkmäler und Tafeln aufgestellt. In Moskau hat man das Jüdische Museum eröffnet, wo das Thema Holocaust ein Teil der Dauerausstellung geworden ist.

Aber auch in den neuen Zeiten konnte dieses Thema nicht ins Massenbewusstsein durchdringen. Die Erinnerung an die Shoah blieb lange Zeit verdrängt, vom öffentlichen Bewusstsein ausgeschlossen, stand Jahrzehnte lang unter Verbot. Nicht vollständig verstanden, im öffentlichen Diskurs nicht vertreten bleibt es bis heute. Denn die Aufarbeitung erfordert eine tiefe soziale Reflexion, Verfeinerung der historischen Erfahrung, Empathie, und das war und ist ein großes Problem im heutigen Russland. Auch der große Mythos des „Großen Vaterländischen Krieges" – der im offiziellen Diskurs nur als glorreicher Sieg dargestellt wird – vernebelt in den Köpfen von vielen das wahre Bild des Krieges. Die jüdische Tragödie passt schlecht in dieses Bild. Juden will man nach wie vor nicht als Opfer anerkennen, die nur deshalb sterben sollten, weil sie Juden waren. Das Internet ist zum Hort für Antisemiten geworden; es genügt bestimmte Begriffe in die Suchmaschine einzugeben, und schon sieht man die ganze Palette antisemitischer Klischees. Es häufen sich die Websites von Holocaustleugnern. Oft korrespondiert das mit dem neuen Stalin-Kult, der automatisch zur Rechtfertigung seiner Gesamtpolitik führt, und dazu gehört die Tabuisierung des Holocausts in Russland.

Andererseits wird das Thema Holocaust von der Kremlpropaganda oft als Waffe gegen die baltischen Republiken und die (West-)Ukraine verwendet, indem man behauptet, dass man dort den Nationalsozialismus rehabilitiert und die deutsche

Besatzung der sowjetischen gleichsetzt. Man nutzt den schwierigen Umgang mit dem Thema in der Westukraine, in Litauen, Lettland, Estland, wenn man dort den bewaffneten Partisanenwiderstand gegen das kommunistische Regime in den Nachkriegsjahren ohne Wenn und Aber heroisiert und manchmal wegschaut, wenn es um Antisemitismus und die Beteiligung der lokalen Bevölkerung an den Pogromen und der Judenverfolgung geht.

Vor allem wurden solche propagandistischen Karten in der antiukrainischen Rhetorik gegen die Maidan-Revolution in Kyjiw ausgespielt. Russische Propaganda behauptete stets, dass dort Antisemiten und Bandera-Leute, die im Krieg am Holocaust beteiligt waren, heroisiert und verherrlicht würden. Auf diese Weise versucht man, die Erinnerung an die kommunistischen Verbrechen gegen die Erinnerung an den Holocaust auszuspielen.

Die demokratischen und liberalen Lager sollten stets danach streben, dass unsere gemeinsamen tragischen Erinnerungen die Völker einander näherbringen, nicht spalten. Dieses Ziel ist erreichbar, wenn es uns gelingt, die Geschichte gemeinsam aufzuarbeiten.

Das Gedenken muss über die Konzentrationslager hinausgehen

von Nikolai Klimeniouk

Es gibt viele Gründe dafür, warum das Konzentrationslager Auschwitz-Birkenau zum wichtigsten Symbol des Holocausts wurde. Mit seinen Eisenbahnrampen, Gaskammern und Krematorien, mit den Bergen von Goldzähnen, Haaren und gut sortierten persönlichen Gegenständen der Opfer, mit den Säcken voller menschlicher Asche, mit den unvorstellbar grausamen medizinischen Experimenten von Josef Mengele – damit steht Auschwitz für die planmäßige, industriell geführte Vernichtung der europäischen Juden und Jüdinnen, für den Massenmord mit minimalen Kosten und maximaler Effizienz. Diese Art zu morden war umso schockierender, weil sie als etwas vollkommen Neues, nie Dagewesenes wirkte, als eine vollkommene Entgleisung der Menschheit.

Genozid durch Kugeln

Doch die Shoah verlief auch ganz anders, besonders auf dem Gebiet der damaligen UdSSR und teilweise in Polen, Ungarn und Rumänien – vor allem in den Gebieten, die die UdSSR nach dem Hitler-Stalin-Pakt 1939/40 besetzt hatte. Dort wurde ein Großteil der europäischen Jüdinnen und Juden ermordet, fast eine Million von ihnen noch vor der Wannseekonferenz im Januar 1942. Wie viele genau es aber waren, ist bis heute nicht bekannt, die sowjetischen Opferstatistiken sind notorisch inakkurat. Schätzungen zufolge befanden sich in den besetzten Gebieten der UdSSR bis zu fünf Millionen jüdische Menschen, sowohl sowjetische Bürger und Bürgerinnen als auch geflüchtete und deportierte jüdische Bürger Polens und Ungarns; etwa die Hälfte von ihnen könnte den Krieg nicht überlebt haben. Die Sowjetunion hatte keine separate Statistik der jüdischen Opfer, es wurde immer nur von „Sowjetbürgern" gesprochen. Die Besatzer haben die Statistiken zudem nicht immer exakt geführt.

Anders als in West- und Mitteleuropa folgte die Ermordung der jüdischen Bevölkerung in der UdSSR keinem Plan, die Kosten- und Effizienzüberlegungen spielten anfangs überhaupt keine Rolle. In der westukrainischen Kleinstadt Kamjanez-Podilskyj haben die deutschen Besatzer Ende August 1941 23 600 Juden erschossen, meistens mit Genickschuss. Diese Zahl nennt in seinen Berichten der SS-Obergruppenführer Friedrich Jeckeln, der als ranghöchster Polizeioffizier den Massenmord vor Ort organisierte. Das „Massaker von Kamenez-Podolsk" gilt als die erste große Vernichtungsaktion des Holocausts. Einen Monat später wurden in der Schlucht Babyn Jar in Kyjiw fast 34 000 Juden an nur zwei Tagen erschossen. In Odesa haben die rumänischen Truppen weniger als eine Woche nach der Besetzung der Stadt circa 25 000 Juden bei lebendigem Leib in ehemaligen Munitionsdepots der Roten Armee verbrannt. Die letzten beiden Hinrichtungsstätten befanden sich im Stadtgebiet, die jüdischen Bürger und Bürgerinnen wurden vor den Augen ihrer Nachbarn ermordet.

Die Überlegung, das Morden zu verbergen, spielte anfangs überhaupt keine Rolle, daher auch die präzisen Zahlen. In den vielen kleinen Ghettos, wie in der damaligen rumänischen Provinz Transnistrien, ließ man die jüdische Bevölkerung einfach verhungern. Allein auf dem Gebiet der heutigen Ukraine befinden sich etwa 2000 Massengräber mit 500 bis zu 2000 Leichen, die allermeisten davon verwahrlost. Es werden bis heute immer wieder neue Gräber, die meistens auch Erschießungsstätten waren, entdeckt. Außer Juden wurden dort oft auch Roma, sowjetische Kriegsgefangene oder Patienten psychiatrischer Anstalten ermordet, was die statistische Erfassung einzelner Opfergruppen zusätzlich erschwert.

Der Holocaust bestand nicht nur aus industriell organisierter Massenvernichtung

Die sowjetische Geschichtsschreibung lenkte nicht nur von der gezielten Vernichtung der jüdischen Bevölkerung ab, sondern spielte auch die Beteiligung der Zivilbevölkerung und der Armeen der späteren Satellitenstaaten der UdSSR bei diesen Verbrechen herunter. Es gab kaum Gedenkstätten für die jüdischen Opfer, die nicht deutschen Täter wurden nach Möglichkeit gar nicht erwähnt. Diese Geschichtsklitterung grenzte fast schon an Holocaustleugnung und hallt bis heute nach. In der allgemeinen Wahrnehmung der Deutschen, nicht zuletzt vermittelt durch den Geschichtsunterricht, ist der Holocaust vor allem industriell organisierte und durchgeführte Massenvernichtung, der Haupttäter der nationalsozialistische Staat. Diese Optik lässt nicht so deutlich erkennen, welche Rolle bei der Shoah der Antisemitismus der Bevölkerung in fast allen europäischen Ländern spielte, der pure antisemitische Hass oder einfach nur die lange zuvor verbreiteten Vorurteile, die die Nazis nur noch befeuerten.

Laut der im Jahr 2018 veröffentlichten Leipziger Autoritarismus-Studie stimmen über 30 Prozent der Deutschen voll oder teilweise der Behauptung zu, auch heute noch sei der Einfluss der Juden viel zu groß; 29 Prozent der Befragten finden, die Juden arbeiteten mehr als andere Menschen mit üblen Tricks um das zu erreichen, was sie wollen. Die massenhafte Verbreitung solcher Vorurteile trug zur Krise des europäischen Judentums nicht weniger bei als die Vernichtungspolitik der NS-Führung.

Die Deutungshoheit über Opfer und Täter

Die heutige russische Geschichtspolitik neigt hingegen dazu, die Kollaboration der ukrainischen oder polnischen Bevölkerung an den Naziverbrechen über jedes Maß hinaus hervorzuheben. Die Ukraine und Polen werden bis in liberale Kreise hinein weniger als Opfer, sondern mehr als Mittäter der deutschen Naziverbrechen dargestellt. Sehr symptomatisch dafür war die Empörungskampagne, die der Kreml am Vorabend des Jahrestages der Auschwitz-Befreiung 2015 inszenierte. Polen, behauptete man im Kreml, habe den russischen Präsidenten Wladimir Putin aus purer „Russophobie" nicht eingeladen; dabei sei Russland doch der rechtmäßige Repräsentant der Sowjetunion, die Auschwitz befreit habe. Diese Behauptung enthielt gleich mehrere Unwahrheiten: Die Gedenkfeier war kein Staatsakt; der Veranstalter, die Gedenkstätte Auschwitz, verschickte keine Einladungen zur Teilnahme, sondern nahm Anmeldungen an, auch von Staatschefs.

Die Sowjetunion hat zwar in der Tat Auschwitz befreit, doch war die Befreiung nicht wirklich geplant. Der Kommandant der Einheit, die als erste zum KZ vorgestoßen war, Major Anatolij Schapiro, wusste seinen späteren Erinnerungen zufolge nicht einmal von der Existenz des Lagers: Auf den sowjetischen Karten war an jener Stelle nur Wald eingezeichnet. Die Person des Kommandanten sorgte ebenfalls für wilde Spekulationen. Der jüdische Offizier wurde in der Ukraine geboren und verbrachte dort fast sein ganzes Leben, bis er 1992 in die USA auswanderte. Die Ukraine war bei der Gedenkfeier vertreten. In der Ukraine wird Schapiro als Held gefeiert; so zeichnete ihn der damalige Präsident Wiktor Juschtschenko 2006 posthum mit dem höchsten Orden des Landes aus. In Russland unterstellte man der Ukraine, sie wolle die Leistung der gesamten UdSSR für sich reklamieren und so von den Verbrechen der ukrainischen Nationalisten (im russischen offiziellen Sprachgebrauch „Bandera-Faschisten") ablenken. Auch war aus Russland zu vernehmen, der Staat Polen habe das KZ Auschwitz gebaut und erniedrige nun Russland durch die Nichteinladung des Staatsoberhauptes.

In den nachfolgenden Jahren wurde diese Rhetorik noch intensiviert. Ganz in diesem Sinne klangen auch die beiden Reden Wladimir Putins, die er am 23. Januar 2020 in Jerusalem gehalten hat, eine bei der Gedenkfeier in Yad Vashem und die andere bei der Eröffnung der Gedenkstätte für die Opfer der Blockade Leningrads: Die Kollaborateure aus der Ukraine, Polen, Litauen und Lettland seien noch schlimmer, noch grausamer gewesen als ihre „deutschen Herren", und die wiederum hätten das gleiche Schicksal, die Vernichtung, für die Russen und andere slawische Völker geplant.

Diese Auseinandersetzungen machen deutlich, dass der Zweite Weltkrieg offenbar kein abgeschlossenes Kapitel der Geschichte ist. Seine Schrecken werden heute immer öfter für aktuelle politische Zwecke instrumentalisiert. Wenn wir der Opfer des Holocausts gedenken, dürfen wir auch jene von ihnen nicht aus den Augen verlieren, die in Osteuropa unverschleierter Gewalt zum Opfer fielen. Es waren Menschen und nicht der seelen- und gesichtslose Staat, die ihre jüdischen Mitmenschen ermordeten. Der Antisemitismus der Europäer war für die Shoah ebenso verantwortlich wie die Politik der Nazis. Und dieser europäische Antisemitismus ist alles andere als tot.

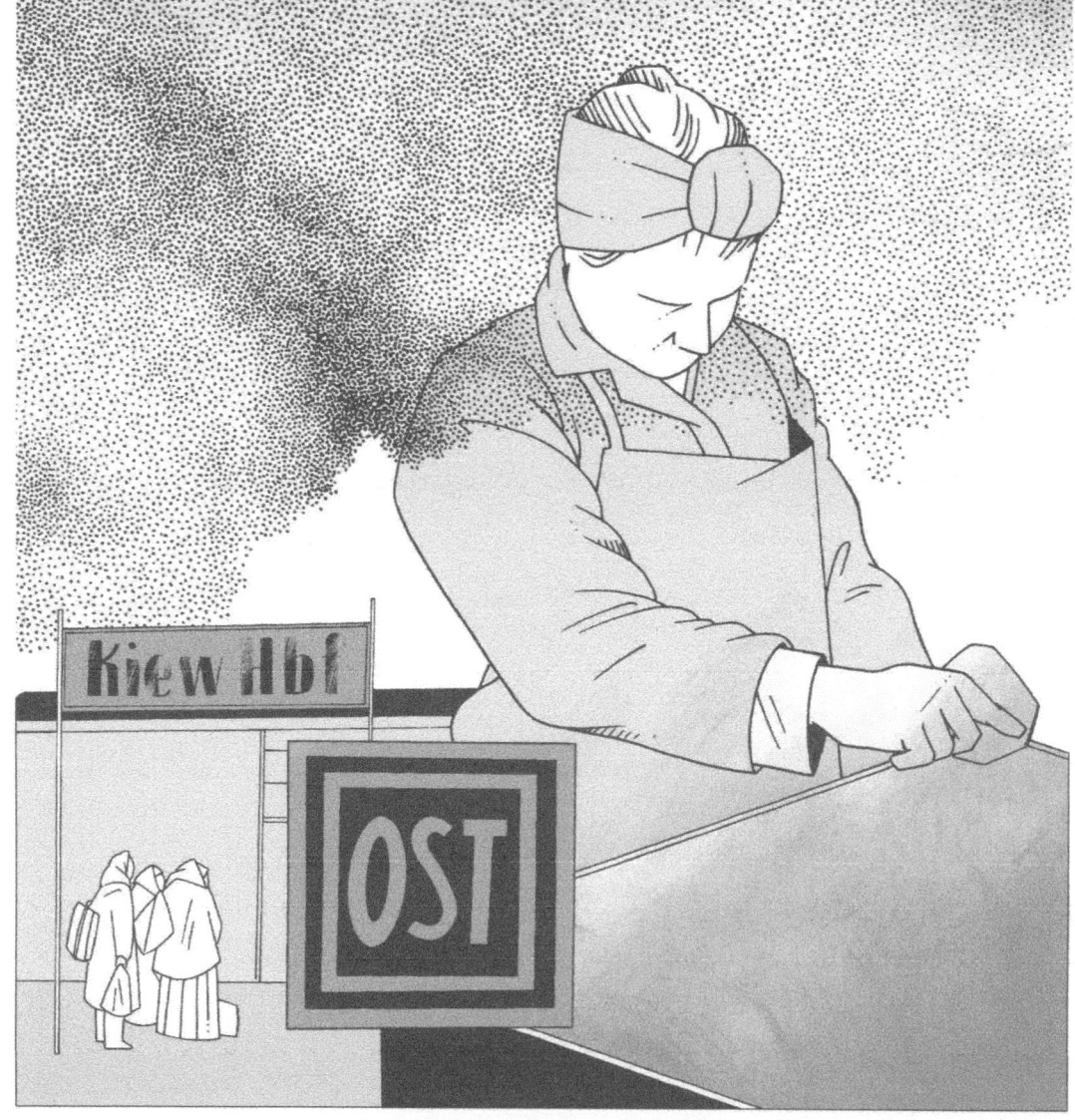

Ukrainische Zwangsarbeiterinnen – Schicksal und Gedenken

von Gelinada Grinchenko

„Ein klassischer Ostarbeiter war 18 Jahre alt, weiblich und kam aus der Ukraine." Diese treffende Formulierung stammt aus dem Katalog der Wanderausstellung „Riss durch Leben – Erinnerungen ukrainischer Zwangsarbeiterinnen im Rheinland". Das Projekt schilderte die Schicksale von zehn ukrainischen Frauen, die Zwangsarbeit in Nazideutschland leisten mussten und bei denen diese Jahre tiefe Spuren und offene Wunden hinterlassen haben. Mehr noch, die Jahre in Deutschland bedeuteten eine Zäsur: Nach Entbehrungen, Demütigungen und dem Ausgeliefertsein in der Fremde gab es für sie nach ihrer Rückkehr in die Heimat kein normales Leben mehr. Es erwartete sie Kinderlosigkeit, eine unglückliche, manchmal eine späte und kurze Ehe, Verachtung in ihrer Jugend und Einsamkeit im Alter. Insgesamt wurden aber während des Zweiten Weltkrieges mehr als zwei Millionen Menschen zur Zwangsarbeit aus der Ukraine nach Deutschland verschleppt. Es waren Frauen und Männer – junge und alte –, aber auch Kinder.

Diese Menschen nannte man „Ostarbeiter", das heißt „Arbeiter aus dem Osten", und sie stellten die größte Gruppe unter den zivilen Zwangsarbeiterinnen und Zwangsarbeitern dar, die zudem am meisten diskriminiert wurde. Insgesamt gab es während des Krieges im „Dritten Reich" mehr als acht Millionen Zwangsarbeiter und Zwangsarbeiterinnen. Als „Ostarbeiter" bezeichneten die Nazis verächtlich Menschen, die keine deutsche Volkszugehörigkeit hatten und im „Reichskommissariat Ukraine", im „Generalkommissariat Weißruthenien" sowie in den östlich von diesen Kommissariaten gelegenen Gegenden rekrutiert und in das „Dritte Reich" zur Zwangsarbeit abtransportiert wurden. Zwangsarbeiterinnen und Zwangsarbeiter aus der Ukraine wurden im großen Ausmaß von Anfang 1942 bis Anfang 1945 im „Dritten Reich" in allen Bereichen eingesetzt, wo ausländische Menschen Zwangsarbeit verrichteten: im Kohlenbergbau und in Fabriken aller Art, im Verkehr und auf dem Bau, in der Landwirtschaft, in privaten Haushalten, in kommunalen und kirchlichen Einrichtungen.

Die ersten Verordnungen, wie man die Ostarbeiter zu behandeln habe, und die Unterbringungsregeln waren sehr streng. Sowjetische Arbeiterinnen, die sich während einer Werbeaktion gemeldet hatten, sollten medizinisch untersucht werden. Doch diese Untersuchung war sehr oberflächlich und rein formal, es wurde gesagt: „Hände, Füße vorhanden: taugt!", erinnerten sie sich später. Nach Deutschland wurden sie in versiegelten Zügen gebracht („wie Vieh, man konnte nur stehen, es gab nichts zu essen, nichts zu trinken"). In Deutschland angekommen, wurden sie in Durchgangslagern auf Arbeitsfähigkeit geprüft (Muskeln wurden betastet und Zähne untersucht), sortiert und zugeteilt. Sie sollten in geschlossenen Gruppen arbeiten und waren von den deutschen und anderen ausländischen Zwangsarbeitern isoliert. Nur auf dem Land war eine Arbeit von Einzelpersonen zugelassen. Die ersten Zwangsarbeiterinnen aus der Ukraine mussten in Wohnbaracken in mit Stacheldraht umzäunten Lagern wohnen, sie durften das Gelände nicht verlassen, und ihnen waren jegliche Kontakte zu Deutschen untersagt.

Die Wohnbedingungen in den Arbeitslagern waren sehr unterschiedlich. Oft waren sie von der Betriebsleitung oder vom Lagerleiter abhängig. Von wenigen Ausnahmen abgesehen, interessierte sich die Betriebsleitung nicht für die Lebenssituation der Ostarbeiterinnen, die oft achtzehn Stunden am Tag schuften mussten. Auf großen Bauernhöfen mussten die ukrainischen Arbeitssklaven, die sie faktisch waren, von früh bis spät schwer arbeiten. Oft schliefen sie im Stall, sie wurden geschlagen, beschimpft und gezwungen, bis zur völligen Erschöpfung zu arbeiten. Ab Mitte 1942 stieg der Bedarf der deutschen Rüstungsindustrie an Arbeitskräften. Außerdem sollte „die Arbeitskraft aus dem Osten" effizienter gemacht werden. Das Regime für die Ostarbeiterinnen wurde etwas gelockert, ihre Wohn- und Arbeitsbedingungen wurden während der dreijährigen Zwangsarbeit im Reich etwas besser. Doch diese Verbesserungen existierten oft nur auf dem Papier, die Wohnbedingungen von Ostarbeitern blieben nach wie vor extrem schlecht. Ein Ostarbeiter war oft nur auf sich selbst gestellt, weil man in ihm keinen Menschen sah, bloß ein leicht ersetzbares Arbeitsinstrument. Selbst deutsche Inspekteure, die Lager von Ostarbeiterinnen prüften, schrieben im Jahre 1943, dass die Zwangsarbeiter und Zwangsarbeiterinnen extrem erschöpft seien, die Stimmung schrecklich, überall Dreck, es gebe nicht genug Essen. Aber ein Ostarbeiter sei sehr geduldig, fuhren die Inspekteure fort. Er arbeitet, bis er an seinem Arbeitsplatz zusammenbricht, er wird aber nicht medizinisch behandelt, der Arzt kann höchstens einen Totenschein ausstellen …

Ab Mitte 1942 durften die Ostarbeiterinnen Briefkontakt zu ihren Familien in der Heimat aufnehmen. Die Post unterlag einer Zensur, dennoch erreichten einige Briefe und Postkarten unzensiert ihre Empfänger. Aus diesen Briefen erfuhren die Verwandten, dass die Ostarbeiter Hunger litten und deswegen versuchten, etwas auf dem Schwarzmarkt aufzutreiben, dass sie trotz hoher Strafen rohe Pflanzenreste vom Acker aßen und Kartoffeln und Rüben klauten, dass sie in kalten und von Ungeziefer wimmelnden Baracken leben mussten, dass es an Kleidung und Schuhen, aber auch an medizinischer Versorgung mangelte, und so weiter.

Der Aufenthalt von ukrainischen Zwangsarbeiterinnen im „Dritten Reich" war nicht nur von auszehrender Arbeit, Hunger und schrecklichen Wohnbedingungen geprägt, sondern wurde zusätzlich durch verschiedene Krankheiten verschlimmert. Viele litten an allgemeiner Erschöpfung und an Herz-Kreislauf-Erkrankungen, an Tuberkulose, Lungenentzündung, Ruhr, Fleckfieber. Selbstverstümmelungen und vorsätzlich herbeigeführte Infektionen kamen oft vor, aber diese Versuche endeten oft tragisch: Anstifter kollektiv herbeigeführter Infektionen wurden demonstrativ bestraft oder in Konzentrationslager deportiert.

Eine Sondergruppe bildeten junge Frauen, die in privaten Haushalten in Deutschland arbeiten sollten. Im September 1942 erschien der Befehl über die „Lieferung" einer halben Million Ostarbeiterinnen nach Deutschland zur Zwangsarbeit in privaten Haushalten. Sie sollten zwischen 15 und 35 Jahre jung sein, kräftig von Statur und wenn möglich den Deutschen ähneln (blaue Augen und blonde Haare). Laut diesem Befehl wurden zum Beispiel aus Charkiw und der Charkiwer Region innerhalb eines Monats (von Mitte Oktober bis Mitte November) 3143 junge Frauen verschleppt. Ganz selten wurden junge Ukrainerinnen von ihren deutschen

Familien ruhig und respektvoll behandelt. Beschimpfungen, Prügel, Demütigungen waren ihre ständigen Begleiter. Oft trieb die schwere Arbeit die jungen Frauen in die Bewusstlosigkeit: Sie mussten Geschirrberge spülen, Böden schrubben, Wäsche waschen und bügeln, Kleidung nähen und ausbessern, Haushaltsgegenstände reparieren, Holz hacken, im Hof arbeiten und so weiter.

Doch mit Abstand am unmenschlichsten war die Ausbeutung von Kindern, die nach Deutschland zwangsverschleppt wurden. Ukrainische Kinder kamen nach Deutschland mit ihren Familien, und wenn sie kräftig genug waren, arbeiteten sie in der Landwirtschaft. Ab Ende 1943 räumten sie Trümmer nach den Bombenangriffen weg. Laut den offiziellen Regeln sollten Kinder ab vierzehn Jahren nicht mehr als vier Stunden täglich arbeiten. Ende 1943 senkte man das Alter auf zehn Jahre, die vierstündige Einschränkung der Kinderarbeit wurde im Mai 1944 aufgehoben. Kinder-Ostarbeiter gab es fast überall dort, wo Zwangsarbeiter aus den besetzten Gebieten eingesetzt wurden: in der Industrie, in der Landwirtschaft, in den kommunalen Betrieben und im Dienstleistungssektor, im Bau und bei der Bahn – hier sind sogar Fälle von arbeitenden Kindern unter sieben Jahren bekannt.

Das Grauenvollste, was Kinder erleben können – Verlust von Verwandten, Verlust ihrer Mütter – traumatisierte sie ihr Leben lang. Inessa Mirczewska, wohnhaft in Kyjiw, erzählt in ihrem Buch „... Und er schenkte mir die Mutter" von einer unvorstellbaren Probe, die sie als kleines Mädchen durchmachen musste. Im Alter von zehn Jahren wurde Inessa mit ihrer Mutter nach Deutschland verschleppt, wo sie zunächst mit ihr in einem Arbeitslager lebte und zusammen mit anderen Kindern in der Küche arbeitete. Nachdem die Kinder eines Tages von einer Kommission begutachtet worden waren – wahrscheinlich sollten die Kinder deportiert werden –, weigerte sich Inessas Mutter, zur Arbeit zu gehen, um bei ihrer Tochter zu bleiben und eine Verschleppung zu verhindern. Dafür wurde sie mit Einzelhaft bestraft, am darauffolgenden Morgen sollte sie hingerichtet werden. Auf dem Platz stand ein Galgen; vor den Augen aller Lagerinsassen, auch der kleinen Inessa, wurde sie zum Galgen geführt. Plötzlich kam eine Frau zum Kommandanten und sagte ihm etwas. Dann geschah Folgendes (Zitat aus dem Buch):

> „Er rief mich zu sich (ich konnte Deutsch schon ganz gut verstehen). Ich kam näher. Der Kommandant fragte mich, ob das wahr sei, dass ich heute elf geworden sei. Ich bejahte. Und er: Dann hast du heute Geburtstag. Er dachte kurz nach und wandte sich dann an die Typen, die meine Mutter schleppten. Sie kamen zu ihm. Er betrachtete meine Mutter vom Kopf bis zu den Füßen und sagte: Deine Mutter hat gegen die Lagerregeln verstoßen. Ich soll sie streng bestrafen, und das hatte ich vor, aber ... Heute ist dein Geburtstag. Mir kam ein origineller Gedanke: Ich mache dir ein Geschenk ... Ich mache dir ein kostbares und originelles Geschenk. Noch nie hat jemand so etwas bekommen! Und er schenkte mir meine Mutter. Meine geliebte, meine eigene Mutti. Wir warfen uns in die Arme, umarmten uns, gaben uns Küsse, streichelten und betasteten einander. Man erlaubte uns, in die Baracke zu gehen. Der Körper meiner Mutter war mit Blutergüssen übersät. Ich ballte meine Fäuste, aber was hätte ich tun können! Er konnte hinrichten und er konnte begnadigen. Und er hat sie begnadigt. Das war seine Laune, sein Wille."

Doch sind die Erinnerungen von ehemaligen Ostarbeiterinnen nicht nur durch Tragödien und Entbehrungen der Kriegsjahre geprägt. In ihren Herzen leben auch Erinnerungen an die kostbarsten und wichtigsten Dinge im Leben – an die Freundschaft und Hilfe, aufrichtige und innige Liebe, die trotz Krieg, Unfreiheit, Alter, trotz sprachlicher und kultureller Hindernisse entflammte. Nach dem Zerfall der Sowjetunion konnten die Ostarbeiterinnen endlich sprechen. In der Ukraine wurden mehrere Bücher mit Erinnerungen von ihnen herausgegeben, Hunderte ihrer Geschichten wurden aufgeschrieben. Das Thema fand Eingang in Theater und Museen. Denkmäler und Gedenktafeln erinnern an die Zwangsarbeiter, das Thema wird in der Literatur und in Form von Dokumentationen behandelt. Auch deutsche Partner beteiligen sich an diesen Gedenkinitiativen. In Deutschland weiß man jedoch noch viel zu wenig über das Schicksal von ukrainischen Ostarbeiterinnen. Das Gedenken an diese Menschen ist eher lokal, es sind Gedenkzeichen an ehemaligen Orten des Geschehens, oder aber das Schicksal von Ostarbeitern wird nur am Rande in Museen und bei Ausstellungen erwähnt. Dank lokaler Initiativen, schulischer oder studentischer Projekte und Werkstätten zu geschichtlichen Themen werden neue Gedenkzeichen angebracht. Es kommt jedoch relativ oft vor, dass ukrainische Arbeiter dabei als Russen oder Sowjetmenschen bezeichnet werden, wobei ihre Gesamtzahl bis heute nicht bekannt ist. Auch wissen wir nicht, wie viele von ihnen in Unfreiheit gestorben und für immer in Deutschland geblieben sind.

Namen identifizieren und eine genaue Zahl der in Unfreiheit verstorbenen Ukrainerinnen herausfinden, Begräbnisstätten schaffen und erinnern, Menschen, die eine Sklavenarbeit überlebt haben, durch Gedenktafeln an Orten ihrer Arbeit oder ihren Aufenthaltes würdigen, Erinnerungen und mündliche Geschichten ehemaliger Ostarbeiter übersetzen und publizieren – das können die wichtigsten Wege der Erinnerung an ukrainische Ostarbeiterinnen sein. In all den Jahren der Suche nach einer würdevollen Anerkennung der Zwangsarbeit aus der Nazizeit hat sich gezeigt, dass das Gedenken an dieses Phänomen konfliktlos ist und über ein spürbares Potenzial an Versöhnung und Verständigung verfügt. Deshalb fördert die Verbreitung des Wissens und das Gedenken an ukrainische Zwangsarbeiter und Zwangsarbeiterinnen das gegenseitige Verständnis und die Annäherung zwischen den Menschen und Ländern, den Dialog zwischen Generationen, die Erforschung und Bewahrung der Erkenntnisse über tragische Ereignisse und Herausforderungen des Zweiten Weltkrieges, zu denen auch die Zwangsarbeit gehört.

Aus dem Ukrainischen von Sofija Onufriv.

Quellen:
Grinchenko, G.: „Usna istorija prymusu do praci: metod, konteksty, teksty", „HTMT", Kharkiv 2012.

Herbert U.: „Fremdarbeiter: Politik und Praxis des ‚Ausländer-Einsatzes' in der Kriegswirtschaft des Dritten Reiches", Dietz, Bonn 1999.

Mirzcewskaja, I. B.: „I on podaril mne mamu: vospominania", KMS „Poesia", 2005.

Polian, P.: „Zhertvy dvukh dyktatur: zhizn, trud, unizhenija i smert sovetskikh vojennopliennykh i ostarbaiterov na cuzhbinie i rodinie", ROSSPEN, Moskau 2002.

Spoerer M.: „Zwangsarbeit unter dem Hakenkreuz. Ausländische Zivilarbeiter, Kriegsgefangene und Häftlinge im Deutsche Reich und im besetzten Europa 1939–1945", Deutsche Verlagsanstalt, Stuttgart/München 2001.

Das Ukrainebild der Deutschen – Gedanken zu einer Tragödie

von Sebastian Christ

Die Ukraine existiert für eine nicht unbeträchtliche Zahl von Deutschen lediglich auf der Landkarte, obwohl sie Ziel der schlimmsten deutschen Wahnvorstellungen war und Tatort einiger der grausamsten Verbrechen. Für diese Deutschen ist die Ukraine nicht etwa ein Ort besonderer historischer Verantwortung, sondern vielmehr ein aus einer Laune der Geschichte entstandenes, eigenschaftsloses und nicht zu eigenem Handeln fähiges Territorium.

Und weil in einem Territorium nicht die dort lebenden Menschen, sondern der Raum im Vordergrund der Wahrnehmung steht, geht es in der Debatte über die Ukraine auch nur selten um die Ukrainer und Ukrainerinnen und ihre Wünsche, sondern viel eher um Ansprüche auf Herrschaft und Macht über deren Landmasse. Wenn man über die Ukraine redet, dann gern „geopolitisch". Als Akteure der Weltgeschichte werden die Menschen in der Ukraine viel zu selten wahrgenommen.

All das ist kein Zufall, sondern Produkt eines bis in die Gegenwart verleugneten deutschen Kolonialismus in Osteuropa. Betroffen davon sind prinzipiell alle Staaten, die zwischen der deutschen Ost- und der russischen Westgrenze liegen. Das Baltikum und die Visegrád-Staaten sind jedoch bereits seit mehr als fünfzehn Jahren Teil der Europäischen Union. Besonders im Falle Polens lässt sich beobachten, wie sich alte Vorurteile langsam auflösen: Harald Schmidts rassistische Witze über faule und klauende Polen, die Ende der 1990er-Jahre im deutschen Fernsehen noch als unterhaltsam galten, wären heute undenkbar.

Mit der Ukraine verhält es sich anders. Für diesen Teil Europas, wo die deutsche Großelterngeneration einst „Lebensraum im Osten" erobern wollte und Millionen von Menschen tötete, empfindet die Enkelgeneration erstaunlich wenig Empathie. Mehr noch: Auch die Enkelkinder pflegen immer noch zentrale Motive des deutschen Kolonialstrebens in Osteuropa – womöglich, ohne sich dessen bewusst zu sein. Denn die „Vergangenheitsbewältigung" der Deutschen ist bisher nicht über die Karpaten hinausgekommen. Nirgendwo wird das deutlicher als im Sprechen über die Ukraine. Fünf Gedanken dazu.

Erstens: Teile der deutschen Öffentlichkeit sprechen der Ukraine die Eigenstaatlichkeit ab

Nehmen wir zum Beispiel Richard David Precht: Der Philosoph und Buchautor wird gerne gefragt, wenn es um die Einordnung von aktuellen Entwicklungen geht. Im Jahr 2017 lud er den mittlerweile für den kremlnahen Thinktank „Dialog der Zivilisationen" arbeitenden Ex-General Harald Kujat in seine ZDF-Show ein, um über das Thema „Kriege" zu sprechen. Im Zuge der NATO-Osterweiterung, so Precht, seien Russland „Einflussländer" genommen worden. Im Jahr 2013 seien nur noch „das ganz bisschen Georgien, das desolate Weißrussland und das bisschen Ukraine" für Russland übrig geblieben. Er könne darüber hinaus nicht verstehen, so Precht, dass der Ukraine tatsächlich Hoffnung auf einen EU-Beitritt gemacht worden sei, denn: „Lassen sie uns mal überlegen, wie viele bettelarme Menschen aus diesem Hungerland nach Europa gekommen wären. Was hätten uns die Ukrainer denn verkaufen können?" Mit der Aufnahme der Ukraine hätte die EU sich eine „Baustelle" geschaffen, die „hundertmal größer als Griechenland" geworden wäre.

Die Ukraine als „Einflussland Russlands", dessen „bettelarme" Menschen nur darauf warten, in die reichen Staaten Westeuropas überzusiedeln – Precht schafft es hier auf wundersame Weise, die Ukraine gleich zweimal als Territorium darzustellen. Einerseits als ein Land, auf das die Großmacht Russland ein Zugriffs- und Verfügungsrecht hat – ganz so, als sei die Ukraine eine Kolonie. Andererseits als ein Land, dessen hervorstechendste Eigenschaft die Pushfaktoren gegen die eigene Bevölkerung sind. Die Ukraine begreift Precht als einen Raum, den man lieber verlassen als gestalten will. Und die Ukrainer sind demnach Menschen, die ihre Heimat sofort für das Versprechen harter Devisen eintauschen würden.

Dieser genauso kolonialistische wie rassistische Blick auf Osteuropa hat in Deutschland eine sehr lange Tradition. Der preußische Historiker Heinrich von Treitschke formulierte in seinem Werk „Das deutsche Ordensland Preußen" im Jahr 1862 eine sehr einflussreiche Hypothese: Demnach sei Deutschland als Träger einer Hochkultur zur Staatengründung in der Lage, Länder wie Polen dagegen nicht. „Alltäglich noch tragen Deutsche die Segnung der Kultur gen Osten. Aber mürrisch wird im Slawenlande der deutsche Lehrer empfangen als ein frecher Eindringling", schrieb Treitschke.

Von Treitschke war nicht allein mit solchen Ideen. Der Schriftsteller Gustav Freytag schrieb in seinem Roman „Soll und Haben" bereits im Jahr 1855: „Es gibt keine Rasse, welche so wenig das Zeug hat, vorwärts zu kommen und sich durch Kapitalien Menschlichkeit und Bildung zu erwerben, als die slawische." Das Buch war viele Jahrzehnte ein Bestseller und prägte unter anderem das bis ins 20. Jahrhundert gebräuchliche Bild von der „polnischen Wirtschaft" – also der angeblichen Unfähigkeit der Slawen, sich selbst zu organisieren und Wohlstand aufzubauen. Im Kaiserreich war es konsensfähig, Polen und anderen slawischen Nationen die Eigenstaatlichkeit abzusprechen. Diese weitverbreitete Slawenfeindlichkeit machte es den Nationalsozialisten wiederum leicht, ihre Exzesse auf dem Territorium der Ukraine zu legitimieren. Wenn Menschen nicht fähig zur Staatlichkeit sind, kann ihr Land kolonisiert und ausgeplündert werden.

Solche Ideen klingen nach. Bis heute erscheint es der deutschen Öffentlichkeit weder anstößig noch absurd, wenn beispielsweise das ukrainische Staatswappen als „Nazisymbol" bezeichnet wird. Genau das hat nämlich die Bundestagsfraktion der Linken im Herbst 2014 in einer offiziellen Pressemitteilung getan. Hier schließt sich dann auch auf perfide Weise ein Kreis, indem die Nachfahren der früheren nationalsozialistischen Kolonialmacht den Nachkommen der Opfer vorwerfen, sie würden sich lieber als Nazi-Nachfolgestaat denn als ukrainische Demokratie zu erkennen geben – und ihnen niemand in Deutschland widerspricht.

Zweitens: Wo kein eigener Staat ist, da sind auch keine politisch handelnden Menschen

Die ZDF-Satiresendung „Die Anstalt" machte im Jahr 2014 gleich mehrfach die Ukraine zum Thema, ohne die Ukraine selbst zu thematisieren. Stets diente das Land als Projektionsfläche von scheinbar perfiden Plänen oder Verschwörungstheorien. Im März 2014 etwa deutete der Kabarettist Max Uthoff in einem knapp vierminütigen Beitrag nacheinander an, dass der Westen einen Krieg gegen Russland plane, dass westliche Länder den Maidan zur Förderung der Waffenexporte unterstützt hätten und dass der Westen die Ukraine mittels des IWF als „neue, globalisierte Shoppingmall" zu instrumentalisieren versuche.

Die Ukraine wird in dieser Sichtweise zu einem Spielfeld fremder, mächtiger Akteure. Die Menschen in der Ukraine haben keine eigenen Träume, Wünsche und Ängste, die womöglich zu intrinsisch motivierten Protesten geführt haben. Diesem Denken folgend, ist das ukrainische Volk nur ein Instrument der Weltpolitik. Lange hielt sich in Deutschland beispielsweise die Verschwörungstheorie, dass die CIA den Maidan „gekauft" habe, um einen „Regime Change" herbeizuführen. Die AfD im Bundestag kann sich bis heute nicht entscheiden, ob die USA die „bestimmende Kraft" in der Ukraine sind oder ob die Wahl von Wolodymyr Selenskyj zum ukrainischen Präsidenten zu einer aus ihrer Sicht begrüßenswerten Annäherung an Russland führen wird.

Dabei ist die Reduzierung der Ukraine auf ein verfügbares Territorium im Kampf zwischen Russland und der westlichen Welt keineswegs ein legitimer politischer Gedanke, und erst recht kein unschuldiger. Er impliziert, dass mit der Ukraine – aber ohne die Ukrainer und Ukrainerinnen – Weltpolitik gemacht werden kann. Die darin enthaltene Beseitigung des Menschlichen aus der politischen Sphäre schlägt bisweilen in Form von psychotischen Angstvorstellungen auf den Diskurs in Deutschland zurück.

So verbreitete der rechtsextreme Publizist Jürgen Elsässer auf den sogenannten „Berliner Montagsmahnwachen" im Jahr 2014 die These, dass die NATO mit dem Konflikt in der Ukraine, so wörtlich, die „Endlösung der Russenfrage" plane und einen Angriffskrieg anstrebe. Dafür bekam er von Tausenden Demoteilnehmern Applaus. Denn die brennende Angst vor einen Krieg mit Russland war in Wahrheit das Wichtigste, was viele Deutsche Anfang 2014 am Konflikt in der Ukraine interessierte.

Drittens: Viele Deutsche sehen Russland als den einzigen osteuropäischen Staat auf Augenhöhe

Die Ukraine war in ihrer Geschichte gleich mehrfach Ziel von imperialer Politik. Zaren, Sowjetführer und Nationalsozialisten versuchten, auf Kosten der ukrainischen Bevölkerung und ihrer Identität Politik zu machen.

Eine der vielen Tragödien in der ukrainischen Gegenwart ist zudem, dass die Imperialmächte von einst immer noch ihre imperialen Kämpfe austragen. Die damaligen Konflikte leben unter anderen Vorzeichen weiter.

Manchmal zeigt sich das im Kleinen: Der Kabarettist Volker Pispers etwa behauptete 2015 wiederholt, dass im Zweiten Weltkrieg „27 Millionen russische Soldaten" gestorben seien und dass Russland „den Westen" nie überfallen habe. Er nutzte dieses Argument ausgerechnet dafür, um die deutsche Russlandpolitik nach Ausbruch des Krieges in der Ostukraine zu kritisieren. Vielleicht wusste Pispers wirklich nicht, dass es 27 Millionen Sowjetbürger waren, die im Zweiten Weltkrieg gestorben sind – darunter viele Millionen Menschen aus der Ukraine und Belarus. Womöglich hatte er tatsächlich keine Ahnung, dass die Sowjetunion 1939 mit Billigung Nazideutschlands in das östliche Polen (mitsamt der heutigen Westukraine), in Bessarabien und in die baltischen Staaten einmarschiert ist. Andererseits: Ihn hat offenbar auch niemand aus seinem Umfeld darauf hingewiesen.

Die Wiederholung alter Konflikte zeigt sich manchmal auch im Großen: Im Dezember 2014 veröffentlichte die „Zeit" einen Aufruf mit dem Titel „Wieder Krieg in Europa? Nicht in unserem Namen!". Der Text erschien neun Monate nach der Annexion der Krim durch Russland und drei Monate, nachdem das Eingreifen von regulären russischen Truppen in der Schlacht von Ilowajsk zum Tod von Hunderten ukrainischer Soldaten geführt hatte. Die Autoren beklagten die „für Russland bedrohlich wirkende Ausdehnung des Westens nach Osten", kritisierten westliche Medien für deren Berichterstattung und riefen zu einer neuen Entspannungspolitik mit Russland auf. Unterzeichnet wurde der Aufruf unter anderem von Bundespräsident Roman Herzog, Bundeskanzler Gerhard Schröder, der Journalistin Gabriele Krone-Schmalz und prominenten Kulturschaffenden wie dem Regisseur Wim Wenders oder dem Schauspieler Mario Adorf. Die Ukraine kam in diesem Text nicht als Akteur vor. Vor allem aber wurde der Krieg in der Ostukraine nicht erwähnt. Es war bemerkenswert: Mehr als sechzig zum Teil sehr bekannte deutsche Politiker und Prominente warnten vor einem Krieg, obwohl es bereits längst einen durch Russland ausgelösten Krieg gab. Die Angst vor einer Auseinandersetzung mit Russland war offenbar so groß, dass diese bedeutenden Deutschen über den existierende Krieg in der Ostukraine mit damals bereits mehreren Tausend Toten hinwegdiskutierten, als würde es ihn nicht geben.

Viele Deutsche tendieren generell dazu, sich nicht in Beziehung zu vermeintlich schwächeren oder kleineren Staaten zu sehen, sondern in Bezug zu den großen Orientierungsmächten der Weltpolitik. Auch das ist ein Erbe vergangener imperialer Politik. Die USA und Russland sind in der Lage, den öffentlichen Diskurs in Deutschland zu polarisieren, weil sie als Mächte auf Augenhöhe gesehen werden.

Nur wenige Wochen nach der völkerrechtswidrigen Krim-Annexion veröffentlichte Infratest Dimap im April 2014 eine Umfrage zur politischen Selbstverortung der Deutschen. Barack Obama war damals noch US-Präsident. Trotzdem wollten nur 45 Prozent die alte Westbindung der deutschen Außenpolitik beibehalten, während 49 Prozent sich für eine „mittlere Position" Deutschlands zwischen den USA und Russland aussprachen. Deutschland war so sehr damit beschäftigt, sich ins Konzert der Großen einzureihen, dass die Ukraine wieder das wurde, was sie immer schon war – nur ein Territorium im deutschen Denken über Politik.

Viertens: Wir Deutschen haben so lange zu den Verbrechen gegen die Ukrainer geschwiegen, dass uns heute die Worte, Bilder und Symbole fehlen, um dieser historischen Verantwortung gerecht zu werden

Koloniale Denkmuster aufzubrechen gelingt nur durch die Beschäftigung mit dem Kolonialismus an sich. Und hier steht Deutschland noch ganz am Anfang. Das liegt auch daran, dass die Argumente im Diskurs über Kolonialismus und Rassismus aktuell meist aus dem anglophonen Kulturraum importiert werden.

Wenn in den USA beispielsweise davon die Rede ist, dass es keinen Rassismus gegen Menschen weißer Hautfarbe gebe, dann ist das auf die US-amerikanischen Gesellschaftsverhältnisse bezogen eine zutreffende Feststellung. Bezieht man dieses Argument jedoch auf Deutschland und die deutschen Geschichte, so bleibt vollkommen unverständlich, warum die Nationalsozialisten im Zweiten Weltkrieg etwa ein Viertel der ukrainischen Bevölkerung aus rassistischen Gründen ermorden wollten – so wie es im Generalplan Ost festgehalten war. Große Teile Osteuropas sollten zu Siedlerkolonien werden. Außerdem wurden fast 4,4 Millionen zivile Zwangsarbeiterinnen und Zwangsarbeiter aus Polen und der Sowjetunion während des Zweiten Weltkriegs versklavt und nach Deutschland verbracht.

Manchen Deutschen fällt es ebenso schwer, zu verstehen, dass die koloniale Politik europäischer Imperialmächte nicht ausschließlich auf Asien und Afrika bezogen war. Der Journalist und Migrationsforscher Mark Terkessidis glaubt, dass die deutschen Verbrechen an der slawischen Bevölkerung Osteuropas nicht in die „beiden global gewordenen Schemata von Erinnerung" passten, nämlich die Erinnerung an den Holocaust, mit Fokus auf die Vernichtung der europäischen Juden, und die Erinnerung an Sklaverei und Kolonialismus, mit Fokus auf People of Color. Das habe dazu geführt, dass osteuropäischen Erfahrungen mit der nationalsozialistischen Besatzungspolitik oft nur über Bezüge zum Holocaust Geltung verschafft werden konnte.

Der Holocaust und die deutsche Kolonialpolitik in Osteuropa stehen tatsächlich in enger Verbindung. Weshalb der Holocaust möglich wurde, wird uns erst klar, wenn wir verstehen, warum Hitler 1941 die Sowjetunion überfiel. Das hatte bereits Timothy Snyder in einer Rede vor der Bundestagsfraktion der Grünen im Jahr 2017 deutlich gemacht. „Hätte Hitler nicht die kolonialistische Idee gehabt, in Osteuropa einen Krieg zur Kontrolle der Ukraine zu führen", so Snyder, „hätte es den Holocaust nicht geben können." Denn es sei erst dieser Plan vom Lebensraum im Osten gewesen, der den deutschen Machtbereich nach Osteuropa ausgeweitet habe, wo Millionen von jüdischen Menschen lebten. Und erst nach Beginn der Besatzung in der Ukraine, mit den grausamen Massakern von Kamenez-Podolsk und Babyn Jar, sei klar geworden, dass so etwas wie der Holocaust überhaupt möglich sei.

„Was bedeutet das?", fragte Snyder damals. „Es bedeutet für jeden Deutschen, der die Idee der Verantwortung für den Holocaust ernst nimmt, dass er auch die Geschichte der deutschen Besatzung der Ukraine ernst nehmen muss."

Die Wahrheit ist jedoch, dass uns schlicht die Worte, Bilder und Symbole fehlen, um dieser historischen Verantwortung gerecht zu werden. Und deswegen haben wir auch nicht die nötigen Kategorien, um darüber reden zu können, welche Folgen das Geschehene für unsere Gegenwart hat und was das bis heute mit uns macht.

Fünftens: Die Ukraine hat in Deutschland zu wenige Fürsprechende

Wie will man aber nun damit anfangen, Begriffe zu finden? Woher sollen die Bilder und Symbole kommen, die uns das Sprechen erleichtern? Wie schaffen wir es, dass die Ukraine nicht mehr nur als Territorium angesehen wird, sondern als ein Land, dessen Verortung in unserer eigenen historischen Identität wir nicht nur kennen, sondern auch fühlen?

Es gibt Ansätze, die Hoffnung machen. Zu den bemerkenswertesten europäischen Geschichten seit 2014 gehört, dass die Ukraine es durchaus geschafft hat, so etwas wie kulturelle Softpower aufzubauen. Vor Ausbruch der Coronakrise gehörte Kyjiw beispielsweise zu den angesagtesten Städtereisezielen Europas. Wyschywanka-Mode feiert weltweit Erfolge, Musikerinnen wie die Sängerin Jamala werden vor dem Hintergrund ihrer speziell ukrainischen Geschichte wahrgenommen, und immer mehr internationale Institutionen verwenden für die früher als „Kiew" transliterierte Hauptstadt die ukrainischsprachige Schreibweise. Die „Revolution der Würde" hat nicht nur dazu beigetragen, ein neues Bild der ukrainischen Nation nach innen zu prägen, sondern auch das Image der Ukraine im Ausland um etliche neue Facetten zu bereichern. Das Bild der Ukraine in Deutschland bekommt langsam Konturen.

Allerdings stimmt es ebenso, dass der ukrainische Staat bisher erstaunlich wenig aus dieser neuen Vermittelbarkeit der eigenen Nation gemacht hat. Der Ukraine müsste eigentlich viel mehr daran liegen, sich aktiv in Deutschland zu präsentieren. Russland etwa ist immer noch viel geschickter darin, junge Eliten in Deutschland und anderswo in Europa anzusprechen und über verschiedene Institutionen auch zu fördern. Und auch der kulturelle Austausch ist so wichtig, dass er eine stärkere Förderung vertragen könnte. Wäre es nicht beispielsweise denkbar, einen Finanzierungsfonds zur Übersetzung von ukrainischer Literatur ins Deutsche oder ins Englische aufzulegen? Wie wäre es mit einem intensiveren deutsch-ukrainischen Jugendaustausch, mit dessen Hilfe man bereits Schülerinnen, Schüler und Studierende mit der Ukraine vertraut machen könnte?

Noch gibt es nicht genug prominente Deutsche in Politik, Kultur und Wissenschaft, die den Interessen der Ukraine eine Stimme verleihen. Vor allem aber fehlt es der Ukraine an Präsenz im Alltag der Deutschen. Und weil das so ist, mangelt es auch am nötigen Wissen, das gesellschaftspolitische Veränderung erst möglich macht.

Denn die Rezeption von Geschichte und die Antizipation von Zukunft unterliegen ähnlichen gesellschaftlichen Aushandlungsprozessen. Fehlen uns die nötigen Begriffe, können wir Vergangenheit womöglich nicht als das beschreiben, was sie heute für uns ist. Genauso wenig können wir mögliche Zukunftsvisionen entwickeln, wenn unser subjektives Wissen der Gegenwart nicht genügt und der Zukunft nicht gerecht wird.

Gerade deswegen kann es ein lohnenswertes Abenteuer sein, unser historisches Bewusstsein zu erweitern, die „Leerstelle" Ukraine mit Wissen zu füllen. Denn am Ende könnte ein Blick auf die Ukraine entstehen, der frei von historisch ererbter Herabsetzung ist – und der uns die Chancen und die Potenziale sehen lässt, die in einer gemeinsamen Zukunft stecken.

War die Ukraine eine Kolonie?

von Gerhard Simon

Die Ukraine ist (erst) seit 1991 ein unabhängiger Nationalstaat, ein Zerfallsprodukt der Sowjetunion wie alle fünfzehn ehemaligen Unionsrepubliken, einschließlich Russlands. Andererseits: Die Ukraine hat eine mehr als tausendjährige Geschichte. Kyjiw war das Zentrum der ersten ostslawischen Staatsbildung, hier nahm die Christianisierung der Ostslawen – der Russen, Ukrainer und Belarusen – ihren Anfang. Eine ununterbrochene staatliche Kontinuität gab es jedoch nicht. Versuche zu einer unabhängigen Staatsbildung scheiterten im 17. Jahrhundert und zu Beginn des 20. Jahrhunderts nach dem Ersten Weltkrieg.

Das Imperium als „Anti-Imperium"

Was war die Ukraine also im späten Zarenreich und in der Sowjetunion: ein loser Haufen von Provinzen, die zu verschiedenen Staaten gehörten? Eine Kolonie? Die Sowjetunion hat es in ihrer Selbstdarstellung geschafft, die Vorstellung weit von sich zu weisen, die UdSSR sei ein Imperium wie jedes andere. Mehr noch: Die Wahrnehmung der Sowjetunion als „Anti-Imperium" wurde auch im Westen weitgehend akzeptiert. Es gelang der sowjetischen Ideologie und Propaganda, das Sowjetsystem als Überwindung und Befreiung vom Kolonialismus zu vermarkten.

Im kommunistischen Narrativ konnte es also keine sowjetischen Kolonien geben. Heute – mehr als ein Vierteljahrhundert nach dem Ende der Sowjetunion – hat sich die Selbstwahrnehmung in den ehemaligen Unionsrepubliken in das Gegenteil verkehrt: Überall wird mit mehr oder weniger Nachdruck das koloniale Erbe aus russischer und sowjetischer Zeit beklagt und die Entkolonialisierung verlangt und praktiziert. Mit einer Ausnahme: Russland. Selbst in Belarus, der am stärksten sowjetisierten und russifizierten Republik, wo sich 2020 eine massive Protestbewegung von unten formiert, fordern oppositionelle Kräfte die Überwindung der kolonialen Vergangenheit. Drei der fünf Staaten Zentralasiens (Usbekistan seit 1995, Turkmenistan seit 1993, Kasachstan seit 2017) verwerfen sogar die kyrillischen Buchstaben und übernehmen die lateinischen.

Sowjetischer Kolonialismus

Kein Zweifel, der sowjetische Kolonialismus hatte seine Besonderheiten und unterschied sich von britischen, französischen und anderen Kolonialimperien; das begünstigte die Mimikry. Hinzu kam: Die Bolschewiki hatten nach 1917 im Bürgerkrieg gesiegt, weil sie versprachen, das „zarische Völkergefängnis" zu öffnen und die nicht russischen Völker in die Freiheit und staatliche Selbstständigkeit zu entlassen. Zwar hielten sie ihr Versprechen nicht, aber die ukrainische Nation und viele andere bekamen immerhin eine eigene Sowjetrepublik. Die ukrainische Sprache und Kultur wurden gefördert und das Russische zurückgedrängt. Die frühe sowjetische Nationalitätenpolitik unterschied sich massiv und positiv von der im späten Zarenreich, als sogar die

Bezeichnung Ukraine verboten war. Stalin nahm jedoch in den 1930er-Jahren viele Zugeständnisse zurück; kein ukrainischer Nationalkommunist überlebte das Jahr 1939.

Die Fassade des Sowjetföderalismus blieb jedoch bestehen, und sie war keineswegs bedeutungslos. Nur außerhalb der Sowjetunion, insbesondere in Deutschland, war es sowohl vor als auch nach 1945 üblich, in der Sowjetunion nur die Russen wahrzunehmen und die Ukrainer und andere Nationalitäten – das heißt die Hälfte der Bevölkerung – zu vergessen; Sowjetrussland galt in der Bundesrepublik Deutschland als inoffizielle Staatsbezeichnung.

Mit der Sowjetunion kehrte das Russländische Reich also in neuer Form auf die Landkarte zurück. Die Bolschewiki verschärften und verfeinerten die zentralen Elemente imperialer Herrschaft, deren Ziel die Unterwerfung der Kolonien war. Die Zentralisierung aller wichtigen und vieler unwichtiger Entscheidungen in Moskau blieb bis zum Ende der Sowjetunion Generallinie der Kommunistischen Partei, deren strikt hierarchischer Aufbau die Aufrechterhaltung imperialer Herrschaft garantierte. Zwar verfügten die Ukraine und die anderen Unionsrepubliken (nach sowjetischer Lesart) über eine eigene Staatlichkeit, aber eine Machtteilung mit Moskau oder ein Aushandeln von Kompetenzen zwischen der Metropole und den Kolonien kam nicht infrage. Insofern war der Sowjetföderalismus das Gegenteil des Föderalismus im westlich-demokratischen Verständnis.

Wer aber war die Metropole im sowjetischen Imperium? Das russische Volk insgesamt war weder in zarischer noch in sowjetischer Zeit Herrscher oder Nutznießer des Imperiums. Die Macht hatten die leitenden Apparate und Funktionäre der Kommunistischen Partei, der bewaffneten Kräfte, der Sicherheitsdienste, des Staatsapparates und der Wirtschaft (die sogenannte Nomenklatura) inne. Zwar bildeten Russen eine überproportionale Mehrheit dieser Machtelite, aber auch zahlreiche Nichtrussen, darunter viele Ukrainer, gehörten dazu.

Die Ukraine als Kolonie

Nicht nur in der Politik, sondern auch in Wirtschaft und Kultur verfügte die Ukraine über keine eigenständigen Entscheidungskompetenzen. Obgleich das Land seit 1945 Mitglied der Vereinten Nationen war, gab es keine von Moskau unabhängige Außenpolitik. Schon in den 1920er-Jahren beklagten ukrainische Ökonomen auch öffentlich die koloniale Abhängigkeit von Moskau. Nur dort wurde über die Verteilung von Investitionen entschieden. Wie ein roter Faden zieht sich durch die gesamte sowjetische Zeit die ukrainische Behauptung, das Land zahle mehr in den Gesamthaushalt ein, als es zurückerhalte. Die Ukraine sei also der Zahlmeister der Union. Die einzige Möglichkeit für Kyjiw, Einfluss auf wirtschaftspolitische Entscheidungen der Zentrale zu nehmen, bestand bis zuletzt in inoffizieller Lobbytätigkeit bzw. Korruption der Metropole. Davon wurde umfassend und nicht ohne Erfolg Gebrauch gemacht.

Während die Ukraine in der sowjetischen Frühzeit im Bereich der Kultur einen weiten Spielraum genoss, wurde die Bewegungsfreiheit gerade hier in den letzten 25 Jahren der Sowjetunion immer enger. Moskau entschied darüber, in welchen Hochschulen und Schulen Russisch oder Ukrainisch Unterrichtsprache war oder wie viele Bücher auf Ukrainisch erscheinen durften.

Zu der von oben verordneten und durchgesetzten Kolonialisierung kam die Selbstkolonialisierung im vorauseilenden Gehorsam. Lange eingeübte Verhaltensmuster, die weit in zarische Zeiten zurückreichen, die Erfahrungen mit dem Terror der Stalinzeit sowie die Angst vor einer ungewissen Zukunft haben die Ausbildung einer eigenständigen europäischen Identität in der Ukraine erschwert und Minderwertigkeitskomplexe gefördert. Es passt durchaus in dieses Bild, dass es andererseits radikalnationalistische Gruppen gab und gibt, für die die Ukraine „über allem" steht.

Entkolonialisierung

Parallel zur Kolonialisierung fanden schon in sowjetischer Zeit Prozesse der Dekolonisierung statt; dazu gehörte insbesondere das Heranwachsen nationaler, nicht russischer Eliten, die mehr und mehr ihre Republiken für sich beanspruchten und die russische Elite überflüssig machten. Diese Prozesse führten dazu, dass die ukrainische Nation am Ende der sowjetischen Periode bedeutend fester gefügt und handlungsfähiger war als nach dem Ersten Weltkrieg. Die sowjetische Nationalitätenpolitik hat somit entgegen ihrer Intention nicht zur „Verschmelzung" der Nationen geführt, sondern zu deren Unabhängigkeit beigetragen.

Die Gegenläufigkeit der Entwicklungen in den letzten sowjetischen Jahrzehnten hat den Bruch am Ende der Perestrojka vorbereitet: Einerseits wuchs das Selbstbewusstsein der neuen ukrainischen Eliten gegenüber Moskau, da sie nicht mehr auf den „großen Bruder" angewiesen waren, andererseits versuchte die Metropole, mit kleinlicher Bevormundung in der Sprachen- und Kulturpolitik gegenzusteuern. Die Gleichzeitigkeit der ungleichzeitigen Prozesse von Nationsbildung und Kolonialisierung führte am Ende zu einer explosiven Mischung, die wesentlich zum Zusammenbruch der Sowjetunion beitrug.

Heute besteht in der ukrainischen Öffentlichkeit ein breiter Konsens darüber, dass die Dekolonisierung ein unumkehrbarer, jedoch unabgeschlossener Prozess ist; Rückschläge gelten als denkbar. Das Land hat sich seit 1991 kulturell sowie in der Innen- und Außenpolitik weit von der Metropole entfernt und ist auf dem Weg vom Objekt zum Subjekt der internationalen Politik ein großes Stück vorangekommen.

Russlands postkolonialer Krieg gegen die Ukraine

Eine Hauptbedrohung der ukrainischen Selbstständigkeit besteht darin, dass Russland den Verlust des Imperiums nicht anerkennt und seit 2014 einen postkolonialen Krieg gegen die Ukraine führt mit dem Ziel, die Ukraine entweder in die hegemoniale Abhängigkeit von dem, was heute „russische Welt" heißt, zurückzuführen oder zu einem *failed state* zu machen, jedenfalls aber die Integration einer freien Ukraine in die europäische Staatengemeinschaft zu verhindern. Diese russischen Positionen haben auch in der Ukraine Anhänger und Anhängerinnen, wenn auch – das zeigen Umfragen und die Wahlen der vergangenen Jahre – mit deutlich abnehmender Tendenz. Der Krieg im Donbas hat dazu beigetragen, dass die Verfechter einer Reintegration mit Russland als Alternative zu Europa inzwischen eine kleine Minderheit darstellen.

Tschernobyl – Tschornobyl: ein Erinnerungsort von globaler Bedeutung

von Anna Veronika Wendland

Es gibt ein *Tschernobyl* und ein *Tschornobyl*. *Tschernobyl* ist ein Erinnerungsort im Weltgedächtnis der Moderne, eine Wegmarke im Anthropozän, der schwerste Reaktorunfall in der Geschichte der zivil genutzten Kernenergie. *Tschornobyl* ist ein ukrainisches Landstädtchen an der Mündung des Usch in den Prypjat, rund einhundert Kilometer nördlich von Kyjiw in der Wald- und Sumpflandschaft Polissja gelegen.

Bis ins letzte Drittel des 20. Jahrhunderts lag Tschornobyl im Windschatten der Geschichte. Auch lange nach Anbruch des Eisenbahnzeitalters war der Ort lange Zeit nur per Schiff erreichbar. Das jüdisch-ukrainische Schtetl galt vor allem unter chassidischen Frommen etwas, denn es war der Sitz eines berühmten Thoragelehrtengeschlechts. Dieses alte Tschornobyl, in dem Juden, Ukrainer, polnische und deutsche Minderheit wie an unzähligen anderen Orten in der Ukraine Haus an Haus gelebt hatten, wurde bereits in den 1930er-Jahren von stalinistischen Säuberungen und den Folgen der Zwangskollektivierung schwer getroffen. Seinen endgültigen Untergang besiegelten zwischen November 1941 und Ende 1942 die deutschen Besatzer, die die gesamte jüdische Bevölkerung der Stadt und ihres Umlandes in zwei Erschießungsaktionen ermordeten.

Ende der 1960er-Jahre tauchte das neue Tschernobyl auf, nun als Fluchtpunkt einer fortschrittseuphorischen Berichterstattung in den großen sowjetischen Zeitungen. In der Nähe der Kreisstadt sollte das erste Atomkraftwerk der Ukraine entstehen, eine der damals leistungsstärksten Anlagen der Welt. Tschornobyl, die Stadt, lieh Tschernobyl, dem Kraftwerk, seinen Namen, der damit auch gleich russifiziert wurde, blieb aber weiter abseits. Die Zukunft wurde achtzehn Kilometer weiter nördlich aus dem Boden gestampft, in Form der riesigen Atomanlage und der modernen Kerntechnikerstadt Prypjat, die am Ufer des gleichnamigen Flusses entstand. 1977 ging der erste Block ans Netz.

Anders als in Deutschland war die Kernenergie in der Sowjetukraine vor 1986 unangefochten. Das Land war auf einem Modernisierungspfad. Bildungs- und aufstiegshungrige Ukrainer strömten seit Ende der 1950er-Jahre aus den ausgehungerten und kriegsverwüsteten Dörfern in die Städte, wo das Chruschtschow'sche Wirtschaftswunder Arbeitsplätze und Wohnungen verhieß. Die ukrainischen Partei- und Wissenschaftseliten begrüßten die Atomkraft und suchten aktiv nach Möglichkeiten ukrainischer Teilhabe am gesamtsowjetischen Prozess der zivilen Nuklearisierung. Möglichst viele kerntechnische Kompetenzen sollten in der energiehungrigen Ukraine konzentriert werden. Und tatsächlich war die Ukraine, wie auf vielen anderen Gebieten auch, so etwas wie eine *secunda inter pares* im sowjetischen Atomstaat. Nicht nur gab es hier renommierte Forschungsinstitute und Universitäten, die die aufstrebende Atomwirtschaft mit Spezialisten versorgten, auch die kerntechnischen Eliten der Sowjetunion stammten zu einem großen Teil aus der Ukraine. Ihnen stand ein Ukrainer vor, Juchym (Jefim) Slawski, der allmächtige Beherrscher des nuklearen militärisch-industriellen Komplexes, der Minister für „mittleren Maschinenbau", eine Codebezeichnung für Reaktorbau und Kernbrennstoffzyklus. Der Ingenieur und Abkömmling einer ostukrainischen

Tschornobyl vor Tschernobyl: In den 1970er-Jahren wurde die Kernenergie Teil des Alltags vieler Ukrainer und Ukrainerinnen, die in Atomstädten wie Prypjat lebten und arbeiteten. Die evakuierten Prypjater haben nach dem Unfall ihre Stadt in digitalen Archiven wiederaufleben lassen. Der Elektriker Ivan Zholud stellte seine privaten Fotoalben zur Verfügung, hier ein Foto seiner Kinder auf einem Ausflug zum Block 3 und 4 des später verunglückten Kernkraftwerks, Dezember 1983.
Quelle: Iwan Scholud, pripyat-city.ru

Kosakenfamilie ließ eine der sowjetischen Atomstädte in Kasachstan aus patriotischer Nostalgie nach dem ukrainischen Nationaldichter Taras Schewtschenko benennen, weil dieser in der Nähe in zaristischer Verbannung gelebt hatte. Im Übrigen vertrat er, wie die meisten Ukrainer in imperialen Karrierepositionen, stramm die Moskauer Linie. Zu dieser Linie gehörte auch ein Regime strengen Gehorsams, das Selbstkritik und Fehlerdiskussionen in der sowjetischen Kernenergiewirtschaft verunmöglichte.

Auch vor Ort begrüßte man die Kernkraft. Die Entscheider in Kyjiw wussten, dass die Kohleära mit den sich erschöpfenden Vorkommen im Donbas ihre besten Zeiten hinter sich hatte; die Wasserkraftnutzung war mit der fast durchgehenden Regulierung des Dnipro ausgereizt. Doch neu angesiedelte Industrie, wachsende Städte und mechanisierte Landwirtschaft brauchten Strom. Kernenergie erschien als sichere und im Gegensatz zu den ungeheuren Verschmutzungen und Verwüstungen in den Schwerindustriegebieten auch saubere Sache. Die sowjetische Propaganda präsentierte das KKW Tschernobyl als Technoidylle in einer unberührten Naturlandschaft, in der akademisch gebildete, weiß gekleidete Spezialisten ihren Dienst taten. Das friedliche Atom kannte nur Erfolgsgeschichten. Die Prypjater schätzten sich glücklich, in einer privilegierten Stadt zu leben, wo man nicht so lange auf Wohnraum warten musste wie die durchschnittliche Sowjetbürger.

Auch an anderen Orten in der Ukraine entstanden zur gleichen Zeit Atomstädte wie Prypjat. Ihre Bürger waren stolz, in Hightech-Anlagen zu arbeiten und ihr Land mit Strom zu versorgen, ohne es in schwarzen Qualm zu hüllen. Von diesem Stolz – und vom Alltag des Lebens mit dem Atom – künden viele private Fotoarchive der Atomarbeiter und Atomarbeiterinnen von Tschernobyl, die nach dem Unfall auf Erinnerungs-Webseiten einer breiteren Öffentlichkeit zugänglich gemacht wurden.

Der Traum vom sauberen, naturkompatiblen Atom ging in der Nacht des 26. April 1986 in die Brüche. Ein Funktionstest an den elektrischen Anlagen des vierten, neuesten Blocks im Kraftwerk brachte durch eine unglückliche Verkettung von Umständen die Anlage außer Kontrolle. Eine nukleare Leistungsexkursion zerstörte den Reaktor samt dem umgebenden Gebäude. Das hoch radioaktive Reaktorinventar verteilte sich mit den Luftströmungen einer frühsommerlichen Großwetterlage über ganz Europa, später die gesamte nördliche Hemisphäre. Damit wurde der Unfall zur Globalkatastrophe. Weit weg von der Ukraine löste er politische Verwerfungen aus, weil Regierungen und Wissenschaftler angesichts einer grenzüberschreitenden, ungewissen Bedrohung keine eindeutigen Antworten auf die Fragen und Sorgen der Bevölkerung hatten. Als „GAU der Expertenkultur" (Joachim Radkau) beleuchtete Tschernobyl schlaglichtartig die Entfremdung zwischen wissenschaftlich-technischen Eliten und einer zunehmend misstrauischen Bevölkerung in westlichen Industriegesellschaften. Der Atomunfall beförderte den Aufstieg der Grünen zu einer maßgeblichen politischen Kraft in Deutschland und legte die Axt an die deutsche Kernenergiewirtschaft. Vom Epizentrum des Unfalls in der Ukraine war bald gar nicht mehr die Rede.

Vor Ort war die Bilanz des Tschernobyl-Unfalls anders als in Deutschland tatsächlich verheerend. Über fünfzig Menschen starben in den ersten Tagen und

Wochen nach dem Unfall qualvoll an akuter Strahlenkrankheit. Die meisten waren Kraftwerksmitarbeiter, Ersthelfer und Feuerwehrleute, die durch selbstlosen Einsatz vermutlich weit Schlimmeres verhüten halfen. Die WHO rechnet als Spätfolge mit rund 4000 vorzeitigen Todesfällen durch Krebserkrankungen. Ein Gebiet von 2600 Quadratkilometern im Nordwesten des Verwaltungsbezirks Kyjiw, das zusammen mit ausgedehnten Gebieten im südlichen Belarus und im westlichen Russland am stärksten vom radioaktiven Fallout betroffen war, wurde zwischen April 1986 und 1995 evakuiert, insgesamt 170 000 Menschen verloren für immer ihr Zuhause und fast alles, was sie besessen hatten. Der volkswirtschaftliche Gesamtschaden des Unfalls wird auf rund 170 Milliarden Euro geschätzt.

Die evakuierten Dorfbewohner wurden vorwiegend in Dörfern in der Waldsteppe des Großraums Kyjiw angesiedelt, wo aber die lebensweltlichen Bedingungen ganz andere waren als in der Wasserlandschaft Polissja. Die Bürger von Prypjat kamen größtenteils in Neubauvierteln Kyjiws unter. Die Evakuierten trafen auf Ablehnung und Vorurteile ihrer Landsleute, die etwa befürchteten, dass Radioaktivität ansteckend sei, oder neidisch waren auf vorrangig zugeteilten Wohnraum. Tausende Schwangere wurden – wie man heute weiß, in der Mehrzahl der Fälle kontraindiziert – zur Abtreibung gedrängt, weil man Missbildungen der Babys befürchtete. Viele Evakuierte kämpften mit posttraumatischem Belastungssyndromen, Verlusterfahrungen, stress- und strahlungsbedingten Krankheiten. Doch genauso gab es Solidarität und Selbstaufopferung. Die „Liquidierung" des Unfalls, an der rund 600 000 Menschen aus allen Teilen der Sowjetunion beteiligt waren, machte Tschernobyl auch zu einem postsowjetischen Erinnerungsort. Keine Großstadt in Russland, Belarus, der Ukraine, Zentralasien, dem Baltikum, in der nicht auch Tschernobyl-Liquidatoren wohnten; in vielen Städten gibt es Tschernobyl-Gedenkorte.

Nach der Reaktorkatastrophe ist zunächst gar keine ukrainische, sondern eine sowjetische Geschichte von Tschernobyl geschrieben worden, die mit der symbolischen Sprache und Ikonografie der Weltkriegserfahrung vermittelt wurde: der verunfallte Reaktor als Kriegsfront, die Liquidatoren als heldenhafte Partisanen und Soldaten, die einem unsichtbaren Feind zu Leibe rückten.

Die Rolle der Bösewichte fiel in dieser Erzählung dem Kraftwerkspersonal zu, dem Schlamperei und Verantwortungslosigkeit angekreidet wurden. Erst Jahre später benannte eine Untersuchungskommission die Hauptursache des Unfalls: Der Unglücksreaktor war konstruktiv fehlerhaft ausgelegt, die Betriebsmannschaften am Ende der Befehlslinien jedoch waren systematisch vom Informationsfluss über diese Mängel ausgeschlossen worden. Diese Befunde, aber auch die anfängliche Verheimlichung der Unfallausmaße zerstörten das Vertrauen der Sowjetbürger in Staat und Atomexperten. Gleichwohl wurde Tschernobyl zur ersten öffentlichen Katastrophe der sowjetischen Geschichte, von der sogar Bilder gezeigt wurden, wenn auch zensierte.

Die nationale ukrainische Geschichte von Tschernobyl ist häufig mit einer ähnlichen Geradlinigkeit und Gut-Böse-Verteilung geschrieben worden. Ambivalenzen wie die recht erfolgreiche Einwurzelung der sowjetischen Atomanlagen in der ukrainischen Provinz und die breite Beteiligung von Ukrainern an der sowjetischen Nukleargeschichte wurden dabei nicht anerkannt. In diesem ökonationalen Narrativ war die Ukraine passives Opfer der Moskauer Technokraten; die Kernkraftwerke wurden vor allem als Russifizierungsagentur und Fremdkörper im eigenen Land wahrgenommen. Der Tschernobyl-Unfall war in dieser Lesart der Sargnagel der Sowjetunion und der Ansatzpunkt für die ukrainische Unabhängigkeitsbewegung.

Doch kaum war die Ukraine unabhängig, entdeckten die ukrainischen Eliten die Kernenergie neu. Ein 1990 verhängtes AKW-Baumoratorium wurde 1993 vom Parlament kassiert. Heute hat die Ukraine einen Atomstromanteil von rund fünfzig Prozent, der größtenteils auf Kapazitäten beruht, die nach Tschernobyl errichtet wurden. Im Zuge der ukrainischen Diskussionen um klimafreundlichen Strom und Energieabhängigkeit vom russischen Gas ist die ukrainische Kernenergie in die systemrelevante nationale Infrastruktur aufgenommen worden.

Tschernobyl-Tschornobyl rückt derweil aus der Erinnerung der Mitlebenden allmählich in den Status eines fernen historischen Ereignisses und ritualisierten Gedenktages. Zahlreiche Denkmäler und ein zentrales Museum in Kyjiw erinnern heute in der Ukraine an die Katastrophe.

In den letzten Jahren gab es immer wieder Diskussionen, ob Teile der Sperrzone wegen sinkender radioaktiver Belastung aufgehoben werden könnten, während sich gleichzeitig ein florierender Katastrophentourismus rund um die Zone entwickelt hat. Obwohl der Schrecken des Ortes die Geschäftsgrundlage dieser „Chernobyl Tours" ist, tragen sie zu seiner Normalisierung bei.

Quellen:

Boltovska, Svetlana: „Local Identities in Ukrainian Polesia and their Transformation under the (Post-) Soviet Nuclear Economy", in: Zeitschrift für Ostmitteleuropaforschung 68 (2019), Heft 3, S. 445–477.

Brown, Kate: „A biography of no place. From ethnic borderland to Soviet heartland", Cambridge 2004.

Plokhy, Serhii: „Chernobyl: The history of a nuclear catastrophe", New York 2018.

Wendland, Anna Veronika: „Inventing the Atomograd. Nuclear Urbanism as a Way of Life in Eastern Europe, 1970–2011" in: Thomas Bohn, Thomas Feldhoff, Lisette Gebhardt, Arndt Graf (Hrsg.): „The Impact of Desaster: Social and Cultural Approaches to Fukushima and Chernobyl", S. 261–287, Berlin 2015.

Wendland, Anna Veronika: „Nuclearizing Ukraine – Ukrainizing the Atom. Soviet nuclear technopolitics, crisis, and resilience at the imperial periphery", in: Cahiers du Monde Russe 60 (2019), Nr. 2–3, S. 335–367.

Tschernobyl – Katastrophe ohne Danach

von Rebecca Harms

Zweieinhalb Jahre nach dem Super-GAU im Block 4 des sowjetischen Atomkraftwerkes Tschernobyl kam ich im Oktober 1988 das erste Mal in die Stadt Tschernobyl. Eingeladen hatte mich und andere deutsche Atomkraftgegner damals der sowjetische Schriftstellerverband. Mein bisher letzter Besuch im Sperrgebiet fand am 26. April 2016 statt, dem 30. Jahrestag der Katastrophe. Im April 2021 werden es schon 35 Jahre sein, in denen versucht wird, die Folgen der Explosion von Block 4 unter Kontrolle zu bekommen. Im Lauf der Jahrzehnte, in denen ich zumeist zu den runden Jahrestagen in das Sperrgebiet zurückkehrte, habe ich verstanden, dass eine atomare Katastrophe kein Danach hat. Für sehr viele Menschen der damaligen Sowjetunion, die heute zu einem großen Teil Bürger der Ukraine oder von Belarus sind, hat die Explosion von Block 4 in Tschernobyl die Vergangenheit und die Gegenwart zerstört. Sie haben ihre Heimat, ihre Häuser, ihre Gräber und ihre Gesundheit verloren. Die Folgen des bisher größten atomaren Unfalls betreffen noch ihre Kinder und verderben ihnen die Zukunft.

Als ich das erste Mal kam, begleitete mich der ukrainische Journalist und Arzt Jurij Schstcherbak. In seinem Buch „Protokolle einer Katastrophe" beschreibt er seine Tage und Wochen mit den Liquidatoren als eine Zeit, in der „hinter den Vorhang der Nacht" geblickt werden konnte – „der Nacht, die einbricht, wenn der erste atomare Sprengkopf explodiert". Mit ihm blickte ich das erste Mal auf die Landschaft von Polissja, auf ihre aufgegebenen Dörfer, auf die Geisterstadt Prypjat und den Sarkophag über Block 4. Jurij Schtscherbak brachte mich zu den Soldaten und den Kraftwerksarbeitern und Kernkraftarbeiterinnen. Mit ihm näherte ich mich ihrem Einsatz und ihrer Verzweiflung, ihrem Mut und ihrer Ermattung. Ich begegnete Soldaten der Roten Armee, Feuerwehrleuten und vielen anderen, die für ihren Einsatz gegen das radioaktive Feuer und die Verseuchung zu Helden erklärt wurden. In den Jahren nach der Katastrophe wurde es normal, die Liquidatoren von Tschernobyl als Heldinnen und Helden zu sehen. Die Sowjetunion hatte Tausende rekrutiert, die gar nicht daran dachten, sich dem Dienst zu verweigern. Die allermeisten ahnten mehr, als dass sie wussten, was diesen Einsatz anders machte als alles, was sie kannten.

Der Weg von Kyjiw nach Tschernobyl führt durch eine eher einsame Landschaft, die von Wäldern, Feldern und kleinen Dörfern geprägt ist. 1988 war das Überraschendste für mich, dass die Straße immer „voller" wurde, je näher wir der Zone der Evakuierung kamen. Volle Busse pendelten zwischen drinnen und draußen. Lastwagen transportierten Baumaterial und Soldaten. Überall waren Wassersprenger auf den Straßen, die unentwegt den Asphalt abspülten und den Verkehr behinderten. Nicht außerhalb, sondern im Sperrgebiet waren sehr große Zeltlager errichtet, in denen nur Soldaten untergebracht waren. Das Militär dominierte das

Bild in der Zone. Vor der Katastrophe teilte sich die Geschichte in die Zeit vor und nach dem „Großen Vaterländischen Krieg". Aber jetzt sagen wir auch, „Das war vor dem Krieg" und meinen, das war vor Tschernobyl. Schtscherbak beschrieb die Schwierigkeit, die Gefahren des neuen Krieges zu begreifen. Sie lauerten überall, im lauen Wind, im Wohlgeruch aus den Gärten, im Staub der Wege, in der Milch der Kühe, in den Laub- und Kartoffelfeuern, die während unserer Fahrt von Kyjiw überall gebrannt hatten.

„Die Menschen sind hier auf einer freiwilligen Dienstreise", erklärte mir der Leiter der Informationsabteilung des Kombinats Tschernobyl, das wenige Monate nach dem Super-GAU neu gegründet worden war. 3000 Menschen arbeiteten in den drei Blöcken des Atomkraftwerkes. 1500 seien jeweils in der Entseuchung und im Transport tätig und rund Zweitausend mit Versorgung und Infrastruktur beschäftigt. Zusätzlich seien immer 8000 Soldaten in der Zone, Reservisten, die für je sechs Monate für Dekontaminierungsarbeiten einberufen wurden. Allerdings sei der genaue Umfang des Militäreinsatzes geheim. Nach der Explosion im Block 4 wurden 136 000 Menschen aus der 30-Kilometer-Zone evakuiert. In den zweieinhalb Jahren seither hatten schon 230 000 Zivilpersonen offiziell in dieser Zone Aufräumarbeit geleistet. 600 000 Menschen seien in einem Tschernobyl-Sanitätsregister erfasst und würden regelmäßig untersucht. Beim Besuch des Kontrollraumes von Block 1 erfuhren wir, dass die Atomzentrale das Leistungssoll 1988 erfüllt hatte. Die drei laufenden Reaktoren seien durch technische Veränderungen und bessere Ausbildung sicher. Für den Sarkophag würden die weltweit besten Roboter entwickelt, die auch bei höchster Strahlung funktionieren sollten.

28 Jahre nach diesem Gespräch kam ich das fünfte und bisher letzte Mal nach Tschernobyl. Die Sowjetunion gab es schon lange nicht mehr. Die drei Reaktoren, die wenige Tage nach dem Super-GAU die Stromproduktion wieder aufgenommen hatten, liefen nicht mehr. Block 2 wurde 1991 nach einem großen Feuer in der Turbinenhalle abgeschaltet. Die beiden anderen wurden 1996 und 2000 stillgelegt, auf Druck der internationalen Gemeinschaft wegen schwerwiegender Sicherheitsmängel. Bei meinem letzten Besuch begleitete ich eine Delegation der G7-Botschafter, um den „großen Bogen" zu besichtigen, der den Sarkophag aus dem Jahr 1986 überspannen und einschließen soll. Die G7-Botschafter, deren Staaten einen großen Teil der Kosten trugen, sollten anlässlich des 30. Jahrestages der Atomkatastrophe an einem Gedenken für die Opfer und Helden von Tschernobyl teilnehmen. Und sie sollten zusammen mit dem Präsidenten der Ukraine den „großen Bogen" bewundern. Das Werk der Baumeister und die Leistung der Arbeiter hat uns beeindruckt. Wir fühlten uns winzig unter der hohen Hülle. Der Bogen habe etwas von einer Kathedrale, sagten einige. Eine Kathedrale der Apokalypse, sagten andere.

Der alte Sarkophag, der 1986 aus Tausenden Tonnen Stahl und Zehntausenden Tonnen Beton errichtet worden war, wirkte klein, irgendwie schäbig und auch nicht so gefährlich angesichts der Größe und Perfektion der neuen Hülle. Schon 1988 hatten sowjetische Ingenieure erklärt, der unter dem Druck der Katastrophe sehr schnell und improvisiert errichtete Sarkophag werde den Belastungen nicht lange standhalten. Aber erst im Jahr 2004 wurden Planungen für die neue Hülle konkret: Der Bogen ist 162 Meter lang und 108 Meter hoch. Er ist 36 000 Tonnen schwer und hat 1,7 Milliarden Euro gekostet. Im November 2016 ging die Nachricht um die Welt, die neue Hülle sei auf den dafür gelegten Schienen erfolgreich über den havarierten Block 4 und seinen Sarkophag gezogen worden.

Es ist verlockend zu denken, dreißig Jahre nach der Katastrophe sei die Lage unter Kontrolle. Der große Bogen in Tschernobyl dient den Anhängern der Atomkraft als Beleg genau dafür. Die G7-Botschafter sagten während des Besuches zum 30. Jahrestag in einer nüchternen Veranstaltung im ehemaligen Atomkraftwerk Tschernobyl erneut viele Hundert Millionen Euro zu, damit die Arbeiten am Bogen abgeschlossen und der Rückbau der Reste von Block 4 vorbereitet werden kann. Je mehr Reden ich über den Bogen, diese Kathedrale der Apokalypse hörte, desto mehr verstand ich die Botschaft: dass der Mensch eben doch das atomare Feuer bezwingt. Weil die Beherrschbarkeit der atomaren Katastrophe suggeriert wird, erklärt sich die Großzügigkeit mancher Geldgeber.

Die Fernsehserie „Chernobyl", die auf dem Buch der Nobelpreisträgerin Swetlana Alexijewitsch fußt, hat weltweit und auch in der Ukraine großes Aufsehen erregt. Der für mich befremdliche Katastrophentourismus in die Zone boomt. Aber in einer Zeit, in der viele Liquidatoren und Zeitzeugen schon tot sind, könnten viele erkennen, was Jurij Schtscherbak sah, als er 1986 „hinter den Vorhang der Nacht" blickte. Oder was Alexijewitsch meinte, als sie ihr Buch „Eine Chronik der Zukunft" nannte. Wer sich den Blick nicht vom „großen Bogen" verstellen lässt, der sieht gleich nebenan drei uralte Reaktoren, deren Brennstäbe noch in Wasserbecken lagern. In der inneren Zone gibt es mehr als 800 provisorische und einige permanente Lagerstätten für sehr große Mengen sehr langlebiger und gefährlicher radioaktiver Abfälle. Fast fünf Prozent des Territoriums der Ukraine müssen wegen der Kontamination des Bodens überwacht werden, inklusive über 2000 großer und kleiner Ortschaften. Das Bassin des Dnipro, in den der Prypjat mündet, muss dauerhaft überwacht werden, denn der Fluss versorgt 32 Millionen Menschen mit Wasser und 1,8 Millionen Hektar Land mit Bewässerung. Die Gesundheit von Hunderttausenden von Ukrainern, die einer akuten Strahlenexposition ausgesetzt waren, muss regelmäßig kontrolliert werden. Sechs Millionen Menschen leben in der Ukraine, Belarus und Russland in kontaminierten Gebieten. Seit der Unabhängigkeit 1992 hat die Ukraine lange Zeit einen großen Teil des Staatshaushaltes für die Bekämpfung der Tschernobyl-Folgen ausgeben müssen. Schtscherbak hat mir vor und nach dem Zusammenbruch der Sowjetunion und vor der Unabhängigkeit der Ukraine gezeigt, dass Gorbatschow und Glasnost auch wegen Tschernobyl und den korrupten Eliten des sowjetischen Atomstaates scheiterten. An der Katastrophe und der Bekämpfung der Folgen scheitern wir immer noch alle.

Als ich von meinem letzten Besuch in Tschernobyl zurückkam, hörte ich eine Rede des ersten Präsidenten der Ukraine, Leonid Krawtschuk. Mit Bitterkeit stellte er fest, dass die Erfahrung von Tschernobyl die Ukrainer und Ukrainerinnen 1992 dazu bewog, in einer von ihm angesetzten Volksabstimmung für die Aufgabe aller Atomwaffen zu stimmen. Damals habe er gedacht, das sei sehr klug. Er habe gehofft, deshalb als guter Präsident in die Geschichte einzugehen. Jedoch seit Russland die Ukraine im Osten angegriffen und die Halbinsel Krim besetzt habe, sei er beschämt über seine Fehleinschätzung. Seit 2014 lebt das ukrainische Volk wieder in einem Krieg, den es nie wollte. Allerdings macht es mir viel Mut, dass es eine neue Zeiteinteilung in der Ukraine gibt – eine Zeit vor und eine nach dem Maidan.

Quellen:

Alexijewitsch, Swetlana: „Tschernobyl. Eine Chronik der Zukunft", Berlin Verlag, Berlin 1997.

Fairlie, Ian: „Sumner, David. The Other Report on Chernobyl (TORCH), Evaluation of Health and Environmental Effects", Großbritannien 2006, Neuauflage 2016.

Harms, Rebecca: „Eine Reise in die Zone", in der taz vom 15.12.1988, S. 10–11.

Stscherbak, Jurij: „Protokolle einer Katastrophe", Athenaeum, Bodenheim 1993.

Aufbruch in eine offene Gesellschaft

von Eduard Klein

Der Investigativjournalist Mustafa Najjem ahnte sicher nicht, welche Lawine er lostreten würde. Am 21. November 2013 rief er mit einer kleinen Nachricht auf Facebook zu einer Protestkundgebung auf, weil der ukrainische Präsident Wiktor Janukowytsch auf russischen Druck hin das lange Jahre verhandelte EU-Assoziationsabkommen im letzten Moment doch nicht unterzeichnet hatte. Aus wenigen Dutzend Protestierenden wurden erst Zehntausende, dann Hunderttausende, bis die landesweiten Proteste in der „Revolution der Würde" kulminierten. Diese bereiteten schließlich dem unbeliebten, kleptokratischen Janukowytsch-Regime ein Ende.

Enttäuschte Erwartungen

Doch so plötzlich dieser revolutionäre Moment neue Perspektiven für das von Oligarchie, Korruption und Misswirtschaft geplagte Land eröffnete – so massiv wurde dieses Momentum auch wieder gebremst. Von außen, weil der Kreml nur wenige Tage später versuchte, mit militärischen Mitteln den Kontrollverlust über die Ukraine zu verhindern. Und im Innern traten reformresistente Akteure aus Politik und Wirtschaft auf die Bremse, weil sie zum Status quo ante zurückwollten. So kam der tiefgreifende demokratische Umbau des Landes nur äußerst mühselig und langsam voran. Auf zwei Schritte vorwärts folgte meist einer zurück.

Inzwischen sind sieben Jahre vergangen und es stellt sich die Frage: Wo steht das Land heute? Viele Erwartungen, die der Maidan geweckt hat, wurden enttäuscht. Zuerst von Präsident Poroschenko, der es als Vertreter der alten politischen Elite und Oligarch nicht vermochte, die *hearts and minds* der Ukrainer und Ukrainerinnen für sich zu gewinnen. 2019 musste er abtreten. Nach dem historischen Wahlsieg von Wolodymyr Selenskyj ruhten große Hoffnungen auf Poroschenkos Nachfolger. Aber auch der Politnovize enttäuschte die Menschen und ist nach seinem ersten Amtsjahr endgültig in den Mühen der Ebene angekommen. Von der Erfüllung seiner beiden wichtigsten Versprechen ist er weit entfernt: Den Krieg im Donbas vermochte er nicht zu beenden und die (vor allem politische) Korruption existiert unvermindert fort. Die Enttäuschung ist groß und spiegelt sich in den Umfragen wider: Fast drei Viertel der Bevölkerung sind unzufrieden mit der Entwicklung des Landes.

Von der geschlossenen zur offenen Gesellschaft

Und doch muss man konstatieren: Die Ukraine *nach* dem Maidan ist ein gänzlich anderes Land als die Ukraine *vor* dem Maidan. In den vergangenen Jahren ist vieles erreicht worden, was zuvor undenkbar schien. Einige große Reformergebnisse sind sicht- und spürbar. Aber die meisten Veränderungen laufen eher im Hintergrund, im Kleinen ab und sind daher weniger greifbar. Doch auch sie verändern das Land Schritt für Schritt.

Im Spätsommer 2020 wurde dies mit Blick auf die Ereignisse in Belarus besonders sichtbar. Dort begehrte die Bevölkerung gegen den Machthaber Lukaschenka auf. Der Autokrat wies sämtliche Kritik an den massiven Wahlfälschungen zurück, ließ die friedlichen Proteste brutal niederschlagen und klammert sich an die Macht.

Der Machtwechsel 2019 in der Ukraine hingegen verlief friedlich. Die offene, kritische Auseinandersetzung gehört in der Ukraine heute zum gesellschaftlichen und politischen Diskurs. Im Parlament gibt es, anders als in den meisten postsowjetischen Staaten, tatsächlich eine Opposition. Es existiert eine vielfältige Medienlandschaft (auch wenn viele Medien in Oligarchenhand sind, resultiert aus deren Rivalität ein gewisser Pluralismus). Im privaten Gespräch oder bei den zahlreichen Demonstrationen haben die Menschen in der Post-Maidan-Ukraine keine Angst, ihre Meinung frei zu äußern. Die ukrainische Gesellschaft ist zwar noch keine „offene Gesellschaft" im idealtypischen popperschen Sinne. Aber mit dem Maidan hat sie einen großen Sprung dahin gemacht, weg von der postsowjetischen, geschlossenen Gesellschaft.

Stellen wir uns nur einmal vor: Wie sähe es in der heutigen Ukraine ohne den Maidan aus? Damals stand die Ukraine am Scheideweg. Die von Janukowytsch am 16. Januar 2014 verabschiedeten „diktatorischen" Gesetzesverschärfungen zur Einschüchterung der Protestierenden schränkten demokratische Grundrechte wie die Versammlungs- und Meinungsfreiheit massiv ein. Die Ukraine drohte einen ähnlichen Pfad wie andere autokratische Staaten einzuschlagen. In Russland zum Beispiel zog der Kreml nach der Protestwelle 2011/12 aus Angst vor dem Machtverlust die autoritären Zügel drastisch an. Dieses Szenario wurde auf dem Maidan verhindert.

Der Schlüssel für erfolgreiche Reformen

Sicher, ein kompletter Neustart der ukrainischen Politik ist auch sieben Jahre nach dem Maidan nicht geglückt. Viele Parteien werden immer noch von Oligarchen kontrolliert. Abgeordnete nutzen ihre Mandate für informelle Geschäfte, statt die Interessen ihrer Wählerschaft zu vertreten. Und weder Poroschenko noch Selenskyj erwiesen sich als die entschlossenen Korruptionsbekämpfer, als die sie sich ausgaben. Es ist vielmehr die quirlige und aktive Zivilgesellschaft, die auf Probleme aufmerksam macht. Sie erarbeitet Lösungen und fungiert als zentrales Korrektiv, wenn wieder einmal Rückschritte bei den Reformen drohen. Die spürbarsten Fortschritte gibt es in Bereichen wie Gesundheit, Bildung oder in der öffentlichen Verwaltung, wo die Interessen der alten Eliten nicht so stark berührt werden. Bei „brenzligeren" Themen, wie der Bekämpfung der politischen Korruption oder der dringend benötigten Justizreform, hakt es hingegen weiterhin.

Doch auch in einigen bisher weitgehend oligarchisch kontrollierten und früher äußerst korruptionsgeplagten Bereichen wie dem Banken- oder dem Energiesektor gibt es erkennbare Fortschritte. Als Erfolgsmodell kristallisiert sich dabei immer wieder der „Sandwich"-Ansatz heraus: Die Zivilgesellschaft übt mit Proteste, Kampagnen und Reformvorschlägen von innen Druck auf die Entscheidungsträger aus. Gleichzeitig nutzt die internationale Gemeinschaft ihre finanziellen und diplomatischen Druckmittel, um von außen zur Umsetzung von Reformen zu mahnen. Vorzeigebeispiele für diesen Ansatz sind das unabhängige Antikorruptionsgericht, das elektronische Beschaffungswesen „Prozorro" oder das Nationale Antikorruptionsbüro. Ihnen wird durchaus erfolgreiche Arbeit attestiert. Dieser Ansatz sollte deshalb weiterverfolgt werden.

Auf ihrem steinigen Weg braucht die Ukraine unsere Unterstützung

Für die ukrainische Gesellschaft markiert der Maidan die größte Zäsur seit der Unabhängigkeit 1991. Wie zuerst auf dem Maidan verteidigen die Bürgerinnen und Bürger nunmehr im Donbas ihre neu gewonnene Freiheit – und bezahlen dafür einen hohen Blutzoll. Daher gibt es für sie auch kein Zurück mehr in die Vor-Maidan-Zeit. Vielleicht ist dies vergleichbar mit der Situation in Deutschland nach 1989: Auch hier gab es für die Menschen keinen Weg mehr zurück in das alte System – trotz aller Probleme, die die Wiedervereinigung mit sich brachte und die selbst heute, dreißig Jahre später, zum Teil noch bestehen.

Daran sollten wir uns erinnern, wenn uns wieder einmal Nachrichten über die „chaotische", „korrupte" und schlicht „nicht reformierbare" Ukraine erreichen. Denn so, wie die Menschen 1989 in Leipzig und anderswo von Freiheit und einem vereinigten Deutschland träumten, träumen heute die Ukrainerinnen und Ukrainer von einem modernen, demokratischen, prosperierenden, friedlichen und irgendwann wiedervereinigten Staat.

Diesen langen und steinigen Weg muss die Ukraine selbst beschreiten. Der Maidan war sicher nicht das Ende. Vielmehr war er das Aufbruchssignal, das die Marschrichtung für das Land in Richtung Europa vorgab. Deutschland und Europa sollten daher für ihre europäischen Werte einstehen und, nicht zuletzt auch aus eigenem Interesse, den Krieg vor der eigenen Haustür beenden. Wir sollten die Ukraine und ihre engagierten Bürgerinnen und Bürger auf ihrem schwierigen Weg mit Empathie, Unterstützung und Entschlossenheit begleiten.

Der Text basiert auf einem Beitrag des Autors in den Ukraine-Analysen und wurde für die vorliegende Veröffentlichung umfassend überarbeitet.

Das Medusenmuseum – eine Erinnerung an den Maidan

von Kateryna Mishchenko

Schon seit ein paar Jahren vermeide ich es möglichst, über den Maidan zu gehen. Das liegt nicht nur an der Trauer, die ich immer noch spüre, sondern auch daran, dass für diese Trauer, wie auch für die Erfahrungen des Winters 2014 insgesamt, dort nicht mehr viel Platz ist. Das merkwürdige Alltagsleben mit seinen als Tieren verkleideten Animateuren, dem Kinderlachen im Wasserstaub der Springbrunnen, den Elektrorollern, den Treffen von Freunden und der Werbung für Exkursionen nach Meschyhirja ist zurückgekehrt. Hier kann man sich mit müden Vögeln fotografieren lassen – einem Adler oder einer Eule. Die Eule blickt sich um, als wunderte sie sich darüber, wie junge Frauen vor wirklich jedem Hintergrund sexy Selfies machen, selbst vor den Blumen und Fotos der Toten entlang des Bürgersteigs der Instytutskastraße. Dabei bin ich mir nicht sicher, ob dieser Alltag nicht einfach nur eine leichte Puderschicht ist, unter der man die Wunde nicht bemerken soll.

Vor Kurzem habe ich dem Maidan dann doch einmal einen Besuch abgestattet, zuerst seiner Unterwelt – dem Einkaufszentrum „Globus", das während der Proteste erstarrt war, aber selbst die schlimmsten Zeiten überstanden hat und dann renoviert wurde, wobei eine unheilvolle, hartnäckige Stummheit in der Luft liegt. Man verlässt es mit einem noch unangenehmeren Gefühl als andere Shoppingmalls. Vom „Globus" kann man direkt auf den Platz an der Säule gelangen. Auch hier herrscht eine Art Stummheit, nein, kein Schweigen und keine Stille, hier macht sich das erzwungene Nichtsprechen der Stadt bemerkbar. Es ist merkwürdig, wie dieses Stückchen Fläche auf dem belebten Maidan in seiner eigenen Tonart existiert. Das Pflaster hier ist alt und hat Risse, teilweise fehlt es auch ganz, eine seltene, noch sichtbare Spur der damaligen Ereignisse. Der Ort selbst erinnert ein bisschen an ein verlassenes Amphitheater. Die hohen, in Halbkreisen angeordneten Stufen sind alkoholgetränkt. Hier sitzen oft Teenagercliquen, aber so fröhlich sie auch sein mögen, laut wird es nie.

Das Territorium der Vergnügungen scheint hier zurückzutreten. Die Säule ist immer noch Versammlungsort für verschiedene politische Aktionen, und um sie herum gibt es eine Open-Air-Ausstellung des noch nicht gebauten Museums der „Revolution der Würde" – große Informationstafeln über verschiedene Aspekte der Proteste von 2013/14. Eine Art Zeitfleck auf dem Maidan: Ringsum sitzen die Menschen auf dem Rasen und ruhen sich im Heute aus, während sich hier in der Stille die Zukunft und die Vergangenheit zu einem Nervenknoten verflochten haben, der regelmäßig Unruhe hervorruft.

Fata Morgana

An einem Samstag im September versammelte sich an der Säule eine Gruppe ukrainischer und belarusischer Aktivistinnen und Aktivisten, von denen einige gerade erst aus Belarus gekommen waren. Man spürte die Leidenschaft und Hoffnung in ihren Reden. Die Aktion an diesem Tag galt der Solidarität mit den Frauen und der besonderen Rolle, die sie bei den Protesten spielen. Vom Maidan bewegte sich die Demonstration zur belarusischen Botschaft. Ich bemerkte die Warteschlange vor „Zara" auf dem Chreschtschatyk, es schienen ungefähr genauso viele Menschen zu sein wie die Demonstrierenden. Passierende grüßten den Demonstrationszug, Autos hupten. Die Menschen in Kyjiw verstehen sehr gut, worum es in Belarus geht und wie hoch der Einsatz für die Demonstrierenden dort ist. Kyjiw sehnt sich nach „Normalität" und unterstützt zugleich die Intentionen der Belarusinnen und Belarusen.

Die aktuellen Ereignisse in unserem Nachbarland bringen die schon verblassten Gefühle des Winters 2014 wieder in Erinnerung, zwingen uns die Frage auf, was genau wir hätten anders machen sollen. Auf einmal gibt es einen Filter, durch den man neue Facetten der eigenen Nostalgie entdeckt. Die Abwesenheit der Ultrarechten, die explizite Gewaltlosigkeit der Menschen, die feministische Ikonografie des Belarusischen Sommers imponieren mir sehr. Sein Strahlen hat das Bild des Maidans beleuchtet – die winterliche Siedlung in der Dämmerung, die kurzen Tage und die langen, unruhigen Nächte. Ein Gefühl von Fatalität bei allem, was da gerade passiert, wenn man sich vor der zynischen Gewalt der Regierenden nirgendwo verstecken kann, bringt sich in Erinnerung. Und die ungeklärten Fragen, von denen ich längst nicht mehr weiß, ob ich sie an die Vergangenheit oder die Zukunft adressieren soll: Was bedeutet es, unter den Bedingungen eines solchen Regimes Widerstand zu leisten? Was bedeutet es, um jeden Preis zu verhindern, dass man als Provokateurin einer ausländischen militärischen Einmischung abgestempelt wird, obwohl man einfach nur seine grundlegenden Rechte verteidigt? Wenn man derart zusammengeschlagen wird, dass einem Bilder aus dem Zweiten Weltkrieg in den Sinn kommen, was bleibt dann von einem übrig? Geht man dann noch einmal auf die Straße? Wie lässt sich die Agoraphobie heilen, wenn es einen Rechtsstaat weder gibt noch gegeben hat?

Revolutionäre Augenblicke inszenieren sich in unterschiedlicher Form. Interessant ist, wie sie ihre wechselseitige Interpretation stimulieren, wie sie in einen Dialog treten. Der Maidan scheint eine gelernte Lektion zu sein. Da war angeblich viel Geopolitik im Spiel und Gewalt vonseiten der Protestierenden, eine antirussische Einstellung, die Russlands militärische Einmischung provoziert hat. Manchmal ist es aus der Ferne schwierig, die gewaltfreien Absichten zu beurteilen, die Hunderttausende auf die Straße geführt haben. Aber selbst von Nahem betrachtet: Der Maidan ist aktuell zur Geisel eines offiziellen „nationalen" Diskurses mit dem Titel „Revolution der Würde" geworden. Die Gewalt der Regierungsstrukturen und die völlige Verletzbarkeit der Menschen sind in den diskursiven Schatten getreten. Deshalb erkennen vor allem diejenigen, die den Maidan miterlebt haben, und nicht diejenigen, die im Nachhinein sein Bild erschaffen, die Verzweiflung und das Risiko der Belarusinnen und Belarusen.

Neben einem unblutigen Erfolg der Proteste in Belarus ist meine Hoffnung auch, dass sie uns in der Ukraine und den Nachbarländern eine neue Ästhetik des Protests aufzeigen – Streiks, Dezentralisierung, eine Akzentuierung von Rechten und nicht von nationaler Identität. In dieser Ästhetik gibt es keinen Platz mehr für überkommene Diskurse eines Abschieds vom Sowjetimperium. Stattdessen wird sie von einer aufgeklärten sozialen Empfindsamkeit, von Solidarität in den Berufsverbänden, einer Sensibilität gegenüber den emanzipatorischen Strömungen der letzten Jahrzehnte und dem Wunsch nach demokratischer Interaktion bestimmt.

Kann sich jedoch eine neue Qualität zivilen Ungehorsams vor dem Hintergrund einer Hegemonie paramilitärischer Gruppierungen, die der Kriegsgeist hervorgebracht hat, und einer in Mode gekommenen „rechten Ästhetik" herausbilden? Die Ereignisse in Belarus lassen mich hoffen. Ihre Beweglichkeit und Vitalität benetzen trockenen Grund und schaffen Oasen eines neuen Miteinanders. Niemand kann ihr Weiterleben garantieren, und in dieser Zeit wird das Kostbare ihres Lebens noch offensichtlicher.

Medusen

Von dieser lebendigen Erfahrung kehre ich zurück zu der dystopischen Erinnerungslandschaft an der Säule auf dem Maidan. Die Informationstafeln bringen die Ereignisse, Protagonisten und Episoden des Maidans in einen Zusammenhang mit Analogien aus der Befreiungsgeschichte der Ukraine. Zahlreiche Parallelen werden zu den ukrainischen Sitscher Schützen gezogen – einer nationalen militärischen Einheit, die als Teil der Streitkräfte Österreich-Ungarns gegen das Russische Reich kämpfte. Das noch nicht gebaute Museum der „Revolution der Würde" erzählt so auf interessante Weise die Geschichte der Sitscher Schützen und legt seinen konzeptuellen Ansatz offen. Aber was erfährt man hier eigentlich über den Maidan? Dass seine Rolle in der Etablierung eines anachronistischen Mythos über den Befreiungskampf bestand? Dass die Teilnehmenden des Maidans, insbesondere die „Himmlische Hundertschaft", in erster Linie romantische Figuren von Freiheitskämpfern waren?

Bezeichnend ist an dieser Stelle die Beschlagnahmung des Areals, auf dem das Museum gebaut werden soll, durch die Generalstaatsanwaltschaft, weil unbedingt Ermittlungsexperimente zu den Erschießungen auf der Instytutska durchgeführt werden sollten. Während das Museum physisch noch nicht existiert, haben wir Gelegenheit, sein Fundament zu betrachten. Langjährige und qualvolle Untersuchungen symbolisieren den Wunsch von Hinterbliebenen der auf dem Maidan Umgekommenen und von Menschenrechtlerinnen, die Instytutska in ihrer derzeitigen Gestalt zu bewahren. Denn nur noch dort gibt es reale Spuren der Ereignisse und Gedenkpunkte, um die sich die Menschen immer noch kümmern.

Während die Instytutska als umstrittenes Territorium weiterlebt, wurde hier, an der Kreuzung zum Chreschtschatyk, ein privates Medusenmuseum eröffnet. Sein blaues Aushängeschild ist der größte Blickfang, wenn man die Instytutska hochläuft. Einmal war ich mit meinem kleinen Sohn da. In wenigen Ausstellungsräumen stehen dort unterschiedlich beleuchtete Aquarien, in denen die verschiedensten Medusenarten herumschwimmen. Dort lässt sich auch beobachten, wie sich diese wunderbaren Geschöpfe von Neugeborenen zu Erwachsenen entwickeln. Ein kurzer Spaziergang. Als wir schon fast wieder draußen waren, drückte mein Sohn seine Stirn an eine Scheibe, fing an zu weinen und weinte draußen weiter, unten an der Instytutska.

Die Figur der Medusa hat eine reiche Geschichte. Ihr abgehacktes Haupt wurde nicht nur auf Kampfschilden angebracht, um den Feind abzuschrecken, sondern auch auf Grabplatten, um die Gräber vor Plünderungen zu schützen. Somit hat das Kyjiwer urbane Unbewusste seine eigene Version des Gedenkens an die Erfahrung des Maidans gefunden. Auf der Brandstätte der Revolution ist erst einmal das Museum entstanden, das wir verdient haben.

Aus dem Ukrainischen von Lydia Nagel.

Eine gelungene Entkommunisierung?

von Sébastien Gobert

Auf einem 13 × 8 Meter großen Schild sind Hammer und Sichel ineinander verschlungen. Aus einer Höhe von 62 Metern schaut die monumentale „Mutter Heimat" auf Kyjiw und darüber hinaus auf die Ukraine. Seit die vier sogenannten Entkommunisierungsgesetze[1] am 21. Mai 2015 in Kraft traten, wurde die „Mutter Heimat" Zeugin zahlreicher Umbenennungen: 52 000 Straßen, mehr als 1000 Ortschaften, 26 Landkreise (Rajons) sowie dreißig Häfen und Bahnhöfe wechselten den Namen. Selbst siebzig Städte auf der annektierten Krim erhielten auf Vorschlag des Medschlis des krimtatarischen Volkes neue Bezeichnungen, die sich wie fromme Wünsche ausnehmen. 2500 Denkmäler, darunter 1300 Leninstatuen, verschwanden im Zuge der völlig neuen Bewegung „Leninopad" (wörtl. „Lenins Fall")[2] aus dem öffentlichen Raum der Ukraine. Die „Mutter Heimat" dagegen steht unerschütterlich auf ihrem Sockel, sie wird aus technischen Gründen nicht angetastet. Bis heute ist sie ein Symbol der unvollendeten Entkommunisierung.

Wie unvollendet diese Loslösung vom Kommunismus ist, das zeigen allein schon die Fakten. Der frühere Direktor des „Ukrainischen Instituts für Nationales Gedenken", Wolodymyr Wjatrowytsch, hatte zwar Ende 2016 versichert, die Ukraine sei „lenin-frei", sein Nachfolger Anton Drobowytsch stellte jedoch im September 2020 fest, „an weniger sichtbaren Orten" fänden sich noch Dutzende von intakten Statuen und Tausende kommunistische Symbole. Hammer, Sichel und „Sowjetstern" werden trotz des gesetzlichen Verbots bis ins Zentrum Kyjiws zur Schau gestellt. Während zahlreiche Beobachter die Ukraine als Beispiel heranziehen, wenn sie die Zerstörung und Entfernung historischer Denkmäler in der Welt zu erklären versuchen, stellt sich die zwangsläufig Frage nach dem Erfolg der ukrainischen Entkommunisierung.

Differenzierte Akzeptanz und versuchtes Zurückrudern

In der Frage der Entkommunisierung sind sich Ukrainerinnen und Ukrainer nicht einig. Eine im April 2020 von der *Democratic Initiatives Foundation* durchgeführte Studie kam zu dem Ergebnis, dass die Entfernung der Denkmäler und Symbole der kommunistischen Ära von 34 Prozent der Befragten abgelehnt wird; 32 Prozent unterstützen sie und 26,3 Prozent sind unentschieden. 34 Prozent sind einverstanden

---

[1] Ein Gesetz „verurteilt das kommunistische und das nationalsozialistische totalitäre Regime" und verbietet die Verbreitung ihrer Symbole. Ein zweites Gesetz verleiht den „Kämpfern für die ukrainische Unabhängigkeit im 20. Jahrhundert" einen offiziellen Status. Ein drittes Gesetz definiert das Gedenken an den „Sieg über den Nationalsozialismus im Zweiten Weltkrieg" (im Gegensatz zur sowjetischen Sprachregelung „Großer Vaterländischer Krieg", Anm. d. Red.). Ein viertes Gesetz schließlich verfügt die Öffnung der Archive der „repressiven Organe" für den Zeitraum 1917-1991.

[2] Diese Angaben enthalten nicht die Veränderungen, die im Zeitraum zwischen dem Beginn des „Leninopad" im November 2013 und dem Inkrafttreten der Gesetze stattfanden. Die Zahl der seit 2013 umgestürzten und demontierten Statuen ist demzufolge größer und wird auf mehr als 2000 geschätzt.

mit der Entscheidung, die UdSSR als „totalitären repressiven Staat" zu bezeichnen, 31,3 Prozent sind dagegen und 15,4 Prozent haben keine Meinung. In Bezug auf die Umbenennung von Straßen und Städten ist die Spaltung der Gesellschaft noch eindeutiger: 44 Prozent sind dagegen, 29,9 Prozent sind dafür und 19,9 Prozent sind unentschieden. Die Untersuchung bestätigt außerdem die in meinem Buch „Looking for Lenin" formulierten Beobachtungen: Die Verortung der Ukrainer wird von Faktoren wie Generationenzugehörigkeit und Wohnort, aber auch von sozialen, politischen und Umweltfaktoren (im soziologischen Sinn) bestimmt.

Diese Spaltung der öffentlichen Meinung bezüglich der beschlossenen Entkommunisierung wird durch Widerstandsaktionen noch verstärkt. Im Februar 2020 kippte der Stadtrat von Charkiw eine Entscheidung aus dem Jahr 2016 und beschloss die Rückbenennung der Hryhorenko-Allee in Marschall-Schukow-Allee. Für den Bürgermeister Hennadij Kernes ging es dabei um die „Verteidigung des historischen Vermächtnisses". Eine Gruppe von Abgeordneten des nationalen Parlaments hatte versucht, das Gesetz über das Verbot „der Verbreitung von Symbolen kommunistischer oder nationalsozialistischer totalitärer Regime" außer Kraft zu setzen. Das Vorhaben scheiterte jedoch 2019 vor dem Verfassungsgericht. Gelegentliche Aktionen von Bürgern, die kommunistische Symbole zur Schau stellten, zeigen, dass sich ein Teil der Bevölkerung den Entkommunisierungsgesetzen nur widerstrebend beugt.

Viele Ukrainerinnen und Ukrainer sind der Erinnerungsdebatten überdrüssig. Dieser Überdruss war schon in der oben genannten Studie spürbar, und er zeigte sich ganz klar im April 2019 bei den Präsidentschaftswahlen, als nicht Petro Poroschenko, sondern Wolodymyr Selenskyj gewählt wurde. Petro Poroschenko hatte die Frage des Gedenkens zum zentralen Thema seiner Wahlkampagne gemacht. Sein Nachfolger dagegen hatte eine gewisse Distanz zu den historischen Kontroversen erkennen lassen. Dieser Politikwechsel stoppt oder verlangsamt möglicherweise die weitere Entkommunisierung.

Eindeutige Lehren aus der ukrainischen Entkommunisierung

Die Ukraine bleibt bezüglich der Bilanz ihrer eigenen „Leninopad"-Bewegung gespalten und kann anderen Ländern, in denen Statuen von Sklavenhaltern und Diktatoren demontiert werden, nicht als Modell dienen. Der Sturz einer Leninstatue richtet sich nicht so sehr gegen die historische Persönlichkeit des bolschewistischen Führers, sondern vielmehr gegen das politische System und die Ideen, die das Denkmal repräsentierte. In der Ukraine wie auch anderswo ist die revolutionäre Aktion des Niederreißens einer Statue als Symbol für die Zerstörung einer Ideologie nicht zu unterschätzen. Unter diesem Gesichtspunkt hat die Entkommunisierung zweifellos ihre Ziele erreicht, auch wenn sich diese nur schwer quantifizieren lassen. Einerseits markiert sie einen wichtigen Unterschied gegenüber den vorübergehend besetzten Gebieten Krim, Donezk und Luhansk, in denen die Leninstatuen erhalten und restauriert werden. Mit den Gesetzen von 2015 erfolgte außerdem eine deutliche Distanzierung von der sowjetischen und russischen Geschichtsschreibung, insbesondere in Bezug auf den Zweiten Weltkrieg. Die Öffnung der Archive spielt dabei eine Schlüsselrolle sowohl für die Historiker als auch für die Familien der Repressionsopfer. Langfristig könnte die Entkommunisierung das Geschichtsverständnis der Bürger verändern, indem Geschichte für sie leichter zugänglich wird. Sie spielt auch im Umstrukturierungsprozess der Dezentralisierung eine Rolle, in dem Tausende lokale Vertreter aufgerufen sind, über neue Toponyme nachzudenken.

Entkommunisierung, und danach?

Und doch muss man feststellen, dass auch nach fünf Jahren Entkommunisierung kein Konsens über die sowjetische Vergangenheit erzielt werden konnte. Die wiederholten Appelle Wolodymyr Wjatrowytschs, die Entkolonisierung der Ukraine in Angriff zu nehmen, finden in der Gesellschaft kaum noch Widerhall. Die Definition einer ausgewogenen Geschichtsschreibung über die Vor- und Nachteile von siebzig Jahren Sowjetregime kommt nicht voran. Manche machen die Schnelligkeit und Radikalität des „Leninopad" und der Umsetzung der Entkommunisierungsgesetze für die gegenwärtigen Widerstände verantwortlich. Der geopolitische Kontext, die extreme Politisierung bestimmter Kategorien der Gesellschaft und die Schwierigkeit, eine konstruktive, strukturierte Auseinandersetzung zu führen, sind jedoch weitere hemmende Faktoren. Die Kontroversen und Polemiken sowohl zu Fragen der Entkommunisierung als auch zum Massaker von Babyn Jar, zur Hungersnot Holodomor und zu den ukrainisch-polnischen Beziehungen zeigen in der Tat, dass Erinnerungsdebatten oft stellvertretend für die Auseinandersetzung mit der gegenwärtigen Situation geführt werden.

Im fehlenden Konsens innerhalb der ukrainischen Gesellschaft zur Geschichtsdeutung zeigt sich auch das Fehlen einer gemeinsamen Zukunftsvision. Das bezieht sich sowohl auf die Definition des Schutzes des ukrainischen Kunsterbes und die Bewahrung kommunistischer Denkmäler als auch auf die Inthronisierung neuer Nationalhelden, die an die Stelle der sowjetischen Ikonen treten. Dass Wolodymyr Wjatrowytsch auf umstrittene nationalistische Persönlichkeiten setzte, hat viel zur Zuspitzung der antagonistischen Positionen beigetragen.

Schließlich muss man die Entkommunisierung im besonderen Kontext der „Revolution der Würde", der Annexion der Krim und des Krieges im Donbas betrachten. Einer Studie der *Democratic Initiatives Foundation* zufolge wünschen sich 68 Prozent derer, die eine Beseitigung der kommunistischen Symbole befürworten, eine europäische Integration der Ukraine. Auf dem Weg der Reformen, der Erneuerung des politischen Lebens und der Verbesserung des Lebensstandards türmen sich jedoch immer neue Hindernisse auf. Für eine tiefgreifende Transformation der Ukraine braucht es aber einen wirklichen Bruch mit der sowjetischen Vergangenheit. Die Abnahme des Hammers und der Sichel vom Schild der „Mutter Heimat" reicht dafür nicht aus.

Aus dem Französischen von Barbara Hahn.

Weiterführende Literatur:
Ackermann, Niels; Gobert, Sèbastien: „Looking for Lenin", FUEL Publishing, London 2017.
Nikiforov, Yeghen: „Decommunized. Soviet Ukraine Mosaics" DOM Publishers, Berlin 2017.
Nikoforov, Yevgen; Baitsym, Polina: „Ukraine. Art for Architecture. Soviet Modernist Mosaics 1960 to 1990", DOM Publishers, Berlin 2020.
Troianovski, Anton: „Ukraine tore down its Lenin statues. The hard part is filling the spaces left behind", Washington Post vom 16.11.2018.

Ukrainische Traumata

von Yevhen Hlibovytsky

„Um erfolgreich zu sein, braucht die Ukraine mehr Vertrauen und starke Institutionen" – dieser Satz steht für dreißig Jahre wohlmeinender, westlicher Ratschläge an die Ukraine. Tatsächlich sind Vertrauen in staatliche Institutionen und die Stärke des Regelsystems die Grundpfeiler des Erfolgs der europäischen und nordamerikanischen Gesellschaften. Keine der Transformationen des 20. Jahrhunderts in Asien war erfolgreich, ohne genau diese Merkmale aufzuweisen.

In den meisten Rankings, die die Qualität von Institutionen messen, bleibt die Ukraine hinter den oberen hundert Ländern zurück. In Infrastruktur-Rankings bewegt sie sich rund um Platz 100. In den Rankings für Humankapital liegt sie deutlich höher, manchmal sogar unter den Top 50. Ronald Ingleharts *World Values Survey* stellt auf seiner Kulturkarte bei der Messung säkular-rationaler Werte gegenüber traditionellen Werten die Ukraine über die USA, Belgien und Polen. Warum halten sich Ukrainer und Ukrainerinnen dann nicht an die nutzbringenden Grundsätze, dass es besser ist, zu vertrauen, als nicht zu vertrauen, dass es besser ist, die Regeln einzuhalten, als es nicht zu tun? Warum halten sie an einem korrupten System fest und arrangieren sich weiterhin mit einer rückwärtsgerichteten Führung?

Die Antwort liegt auf der Hand. Sie liegt im Wissen um eine vielfältige Nation, die in ihrem kollektiven Gedächtnis die Schrecken des vergangenen Jahrhunderts in sich trägt. Sie liegt in der Erfahrung von Millionen und Abermillionen Ukrainern und Ukrainerinnen, in deren DNA diese Schrecken fortwirken.

Zwei große Traumata definieren die ukrainische Geschichte des 20. Jahrhunderts: das Trauma des Totalitarismus und das koloniale Trauma. Viele Länder dieser Welt haben ebenso unter einer Kolonialherrschaft oder gewalttätigen Regierungen gelitten. In der Ukraine jedoch haben beide Formen der Herrschaft gewütet und sich zu einer besonderen Melange verbunden. Dies hat die gesamte Gesellschaft tief erschüttert.

Die ukrainische Erfahrung des Totalitarismus wird oft auf die Stalinzeit reduziert. Es ist wahr, dass die UdSSR nach Stalin nie wieder zu der gezielten und bewussten Vernichtung von Millionen von Menschen zurückgekehrt ist. Stalin hinterließ ein Vermächtnis, das auch heute noch in der ukrainischen Demografie zu erkennen ist – die Auslöschung der gesamten Schicht erfolgreicher Bauern und ihrer wirtschaftlichen, sozialen und religiösen Beziehungen. Hinzu kommt die katastrophale Erfahrung des Zweiten Weltkriegs, dessen grausamste und blutigste Ereignisse in der Ukraine stattfanden. Sie wirken noch Generationen später nach. Die Ukraine hat es im 20. Jahrhundert nicht vermocht, ihre demografische Entwicklung wiederherzustellen; inzwischen ist der demografische Niedergang wahrscheinlich die größte strategische Herausforderung für das Land.

Die Tauwetterperiode unter Chruschtschow und die Ära Breschnew hatten, obwohl sklerotisch und immer noch repressiv, mehr Ähnlichkeit mit einer Autokratie als mit einem totalitären Regime. Während auf das faschistische Italien oder Nazideutschland die Wiederherstellung der Demokratien erfolgte, verschwand in der UdSSR die Angst vor einer Rückkehr zu stalinistischen Praktiken nie. Die Wunden saßen tief, nachdem die Menschen in der Kornkammer Europas zum Kannibalismus gezwungen worden waren, um zu überleben. Der Holodomor hat nach konservativen Schätzungen mehr als drei Millionen Menschenleben gekostet. Manche Überlebende wurden für Verbrechen, die sie nie begangen hatten, im Rahmen einer „kollektiven Verantwortung" von den Nazis zu Tode gefoltert. Nach der Rückkehr der Besatzungsmacht UdSSR wurden andere Überlebende allein dafür nach Sibirien geschickt, dass sie in den besetzten Gebieten gelebt hatten. Und auch der Zweite Weltkrieg forderte Millionen ukrainischer Menschenleben.

Das Aufkommen der Dissidentenbewegung in der Ukraine führte zu Spannungen mit dem Sowjetregime, das die Ukraine wesentlich rauer regierte als Russland oder andere Teile der UdSSR. Und als es mit dem Beginn der Perestroika fast schien, als ob die Tragik des Landes endlich vorbei sei und nach den schrecklichen Kapiteln der Geschichte eine neue Seite aufgeschlagen werden könnte, ereignete sich die Nuklearkatastrophe von Tschernobyl. Das Politbüro und die kommunistische Partei demonstrierten *business as usual* und zwangen sogar Schulkinder, an einer Parade zum 1. Mai unter radioaktiven Wolken teilzunehmen.

Das unbehandelte totalitäre Trauma wird nun bei jeder neuen repressiven Handlung oder Katastrophe reaktiviert. Schlechte oder zynische Regierungsführung verschärft dieses Empfinden. Da das Trauma selbst nie diagnostiziert und geheilt wurde, ging es in die Kultur ein und sendet eine klare Botschaft an Bürger und Bürgerinnen: Niemand hat in der Geschichte der Ukraine mehr Menschen getötet oder gefährdet als eine herrschende Reglerung. Regierungen sind die größte Bedrohung für ein Volk. Und da Regierungen nicht beherrscht oder zur Rechenschaft gezwungen werden können, ist es für die Menschen am sichersten, wenn eine Regierung schwach und unfähig ist. Dieses Trauma mündet in der Ansicht, Korruption sei das letzte Mittel, um zu überleben. Damit wird Ineffizienz nicht etwa zu einer Bedrohung, sondern im Gegenteil als größere Chance auf Sicherheit für Bürgerinnen und Bürger gesehen.

Der Zusammenbruch der Sowjetunion erinnerte daran, dass die Dinge noch schlimmer werden könnten – so empfunden, als eine Gruppe von Hardlinern in Moskau einen Putschversuch unternahm und drohte, stalinistische Praktiken wiederzubeleben. Millionen Ukrainerinnen und Ukrainer, die am 17. März 1991 gerade in einem Referendum die Idee einer neu entstehenden Sowjetunion befürwortet hatten (70 Prozent dafür, Wahlbeteiligung 84 Prozent) wandten sich umgehend mit überwältigender Mehrheit gegen ein solches Projekt und befürworteten stattdessen am 1. Dezember 1991 die Unabhängigkeit des Landes (90 Prozent dafür, Wahlbeteiligung 84 Prozent). Historiker debattieren noch immer, ob das sowjetische System tatsächlich in der Lage gewesen wäre, zu den repressiven Praktiken zurückzukehren. Aber die ukrainische Gesellschaft wollte kein Risiko eingehen.

Doch trotz der Angst vor der Rückkehr sowjetischer Repressionen, wurde am Tag des Unabhängigkeitsvotums ein kommunistischer Präsident zum klaren Sieger der Wahl. Das Volk erteilte der „Obrigkeit" den Auftrag, alles Nötige zu ändern, damit sich so wenig wie möglich ändere.

Auch 1994 wurde ein Vertreter der alten kommunistischen Elite zur Führungsfigur gewählt. Erst 2014 vertraute das ukrainische Volk den mächtigsten Posten der Regierung einer Person an, die nie Mitglied der Kommunistischen Partei gewesen war, das allerdings weniger aufgrund des familiären Hintergrundes als aufgrund des Alters. Erst nach dem Maidan von 2014 hat sich die Ukraine vom sowjetischen Vermächtnis gelöst und die Türen für die Umgestaltung der Regierung hin zu einem freundlicheren, dem Volk dienenden System geöffnet. Aber die Gesellschaft hatte über die Jahrzehnte hinweg ihre Fähigkeit vervollkommnet, Regierungen zu schwächen, weil Institutionen generell kein Vertrauen genießen. Während Institutionen wie Kirche, Zivilgesellschaft oder Freiwilligennetzwerke ein hohes Vertrauen genießen, wird dem Parlament, dem Kabinett oder Gerichten kaum vertraut. Lokale Selbstverwaltungen schneiden nur wenig besser ab. Vertrauen ist die knappste Ressource in der Ukraine. Angesichts der Geschichte der Ukraine ist das verständlich: Wer Vertrauen hatte, kam in der Regel zuerst ums Leben.

Heilung könnte durch die Entwicklung eines Modells kommen, das den einzigartigen kulturellen Gegebenheiten der Ukraine Rechnung trägt und Bürger und Bürgerinnen mehr Kontrolle über die Regierung gibt, indem deren Rechenschaftspflicht erhöht wird. Es geht um ein System der Kontrolle und die Überwachung der Macht.

Die Ukraine war Teil dreier sehr unterschiedlicher institutioneller Traditionen – sie hat Wurzeln im Russischen, im Österreich-Ungarischen und im Osmanischen Reich. Zur Gesellschaft von heute gehören Anhänger der orthodoxen, der katholisch-christlichen und der sunnitisch-muslimischen Religion. Ihre ethnische Identität hingegen ist überwiegend ukrainisch.

Aber die Ukraine ist auch die Heimat der Krimtataren und es gab in ihrer Geschichte eine große jüdische Gemeinde. Zudem tragen viele Minderheitengruppen zur Vielfalt der Ukraine bei. Die Verfasstheit ukrainischer Regierungen müsste sich an diese Vielfalt anpassen und über die gewachsene Identität eines Nationalstaates hinausgehen. Die Ukraine fällt definitiv in die Kategorie eines Nationalstaates. Dennoch sind heute zu viele ihrer zukünftigen Institutionen nur Stammzellen für eine effiziente und moderne Gestaltung. Es fehlt zudem ein eindeutiges Modell, an dem sie sich orientieren kann.

Um zu einem solchen Modell zu gelangen, müsste die Ukraine über eigene Denkweisen und Theoriefähigkeiten in den Bereichen Sicherheit, Recht, Justiz, Repräsentation sowie wirtschaftliche und soziale Fragen verfügen. Aber hier kommt eine weitere Schwierigkeit ins Spiel: Zwar wurde die ukrainische kulturelle Identität nach der Eroberung durch die russischen Zaren im späten 18. Jahrhundert über Generationen hinweg am Leben gehalten. Aber erst vor Kurzem ist sie zum Mainstream geworden. Erstmals seit mehr als zehn Generationen haben nun Menschen Zugang zu Management- und Regierungspositionen, die ihre ukrainische kulturelle Identität offen zeigen. Das sowjetische und russische Regierungsvermächtnis verblieb überwiegend im Bereich der russischen Kultur. Nun müssen die Ukrainer Entscheidungen über Regierungsmodelle treffen, obwohl sie kaum über das dafür nötige Wissen und die nötigen Erfahrungen verfügen.

Das Mantra „Um erfolgreich zu sein, braucht die Ukraine mehr Vertrauen und starke Institutionen", trifft auf ein Land mit bisher nicht offengelegten Traumata. Dies geschieht in einer sich schnell entwickelnden Umgebung, in der mehr und mehr junge Menschen Auslandserfahrungen sammeln und auf vielen Ebenen Verantwortung und die Führung übernehmen.

Eine moderne Gesellschaft setzt allerdings eine grundlegende Fähigkeit voraus, eine Fähigkeit, über die alle entwickelten Länder zu Beginn ihrer modernen Transformation verfügten – es geht um das Vermögen, für die eigene Sicherheit zu sorgen. Diese Fähigkeit mussten die Mitglieder der Europäischen Union und die asiatischen Tigerstaaten nur teilweise selbst aufbauen. Sie erhielten hauptsächlich externe Hilfe von den US-Amerikanern.

Eine Ukraine mit ihren leidenschaftlichen, zivilgesellschaftlichen Akteuren und einer vielversprechenden jungen politischen Szene könnte den Rest ihrer Hausaufgaben selbst erledigen, wenn das Land in die Lage versetzt würde, für die eigene Sicherheit zu sorgen. Damit könnte es für Russland und andere ehemalige sowjetische Länder einen Hoffnungsschimmer darstellen. So bleibt nur zu hoffen, dass der Westen die Ukraine nach einer Reihe gut gemeinter, aber wenig hilfreicher Ratschläge nicht im Stich lässt.

Aus dem Englischen von Meike Temberg.

Über die Autorinnen und Autoren

Applebaum, Anne (*1964), Journalistin und Historikerin mit dem Schwerpunkt Mittel- und Osteuropa. Sie schreibt für *The Atlantic*, früher für die *Washington Post* und ist Senior Fellow an der Johns-Hopkins-Universität. Für ihr Buch „Gulag: A History" (2004) bekam sie den Pulitzerpreis, u. a. schrieb sie „Red Famine" (2017) und „Twilight of Democracy: The Seductive Lure of Authoritarianism" (2019).

Behrends, Dr. Jan Claas (*1969), Osteuropahistoriker mit den Schwerpunkten Zeitgeschichte Osteuropas, Stadtgeschichte, europäische Diktaturen sowie Gewaltforschung und Projektleiter am *Zentrum für Zeithistorische Forschung*, Potsdam. Seine Publikationen umfassen: „Die erfundene Freundschaft. Propaganda für die Sowjetunion in Polen und in der DDR" (2006) und zahlreiche Artikel in wissenschaftlichen Zeitschriften.

Berkhoff, Dr. Karel C. (*1965), Osteuropahistoriker mit dem Schwerpunkt Ukraine, und Holocaust. Er forscht am *NIOD Institute for War, Holocaust and Genocide Studies*, Amsterdam, zum Thema Babyn Jar. Zu seinen Publikationen zählen „Harvest of Despair: Life and Death in Ukraine Under Nazi Rule" (2004) und „Motherland in Danger: Soviet Propaganda During World War II" (2012).

Brumme, Christoph (*1962), Essayist und Schriftsteller, verfasst Romane und Reportagen u. a. über seine Fahrradreisen von Berlin an die Wolga und zurück. Zu seinen Publikationen zählt „111 Gründe, die Ukraine zu lieben". Seit dem Frühjahr 2016 lebt er in der ostukrainischen Stadt Poltawa.

Christ, Sebastian (*1981), Autor, Journalist und Zukunftsforscher. Er ist seit 2018 Redakteur für Digitalpolitik beim *Tagesspiegel*. Zuvor arbeitete er als freier Journalist in Kyjiw. Als Autor veröffentlichte er u. a.: „Das Knurren der Panzer im Frühling. Ein Kriegsbericht aus Afghanistan" (2011) und „Meine falschen Brüder: Wie ich mich als 16-Jähriger dem Islamischen Staat anschloss" (2017).

Gobert, Sébastien (*1985), seit 2011 freiberuflicher Journalist mir Sitz in Kyjiw, berichtet u. a. für *Libération*, *Radio France Internationale*, *Le Monde Diplomatique* und *La Tribune de Genève*. Gründer des Kollektivs „Daleko-Blisko", Co-Autor von „Looking for Lenin" mit Niels Ackermann (FUEL editions, 2017).

Grinchenko, Prof. Dr. Gelinada (*1971), Professorin für Geschichte an der Fakultät für Ukrainische Studien (Philosophische Fakultät der Nationalen V.-N.-Karazin-Universität, Charkiw, Ukraine), Chefredakteurin der akademischen Fachzeitschrift *Ukraina Moderna*, Leiterin der *Ukrainischen Gesellschaft für mündliche Geschichte* und Mitglied der Deutsch-Ukrainischen Historikerkommission (DUHK).

Grytsenko, Oksana (*1981), freiberufliche Journalistin mit Sitz in Kyjiw. Sie arbeitete neun Jahre für die *Kyiv Post*. Sie publiziert im *Guardian*, bei *AFP* und in anderen internationalen Medien. Zudem schreibt sie Theaterstücke und Drehbücher.

Harms, Rebecca (*1956), Mitbegründerin der Anti-Atom-Bewegung in Deutschland. Grüne Politikerin, Mitglied des Europäischen Parlamentes 2004–2019. Ihre Schwerpunkte sind Umwelt-, Klimapolitik- und Energiepolitik und Osteuropa.

Hlibovytsky, Yevhen (*1975), Gründer des Thinktanks *pro.mova*, der die Auswirkungen der Kultur auf die institutionelle Entwicklung untersucht. Er ist Mitglied der *Nestor*-Gruppe, in der Experten aus unterschiedlichen Bereichen und Institutionen die Entwicklung der Ukraine diskutieren, sowie Dozent an der Ukrainischen Katholischen Universität in Lwiw.

Jilge, Wilfried (*1970) Osteuropahistoriker u.a. mit Schwerpunkt Zeitgeschichte und Politik der Ukraine und Russlands ist Associate Fellow der *Deutschen Gesellschaft für Auswärtige Politik (DGAP)* in Berlin und ständiges Mitglied der Strategiegruppe „Schlüsselstaaten" im Projekt „Strategien für die EU-Nachbarschaft" der Bertelsmann Stiftung.

Klein, Dr. Eduard (*1982) wissenschaftlicher Mitarbeiter der *Forschungsstelle Osteuropa* an der Universität Bremen und Redakteur der *Ukraine-Analysen*. Er promovierte zu Korruption im ukrainischen und russischen Hochschulwesen und arbeitete zuvor unter anderem als Redakteur bei *dekoder*, als wissenschaftlicher Mitarbeiter im Deutschen Bundestag und als Referent beim Zentrum Liberale Moderne.

Klimeniouk, Nikolai (*1970), freiberuflicher Autor und Projektleiter beim Europäischen Austausch für die *Initiative Quorum*. Als Autor schreibt er regelmäßig für die *Frankfurter Allgemeine Sonntagszeitung*, *Neue Zürcher Zeitung* und andere deutsche und europäische Medien.

Mishchenko, Kateryna (*1984), Autorin, Übersetzerin und Verlegerin. Sie ist Mitbegründerin und Herausgeberin des ukrainischen Verlags *Medusa* und Ko Autorin des Buches „Ukrainische Nacht" (zusammen mit Miron Zownir). Ihre Essays erschienen in internationalen Zeitschriften sowie in Anthologien über den Maidan im Suhrkamp Verlag.

Plokhii, Prof. Dr. Serhii (*1957), Osteuropahistoriker mit dem Schwerpunkt Ukraine, und Leiter des *Harvard Ukrainian Research Institute*. Seine Publikationen umfassen u.a.: „The Cossack Myth: History and Nationhood in the Age of Empires" (2012), „The Gates of Europe: A History of Ukraine" (2015) und „Chernobyl: History of a Tragedy" (2018).

Savchuk, Viktoria (*1992), Juristin und Aktivistin. Sie ist Co-Redakteurin bei der Initiative *Berlin Info-Point Krim* und war bei der NGO *Crimea SOS* tätig. Seit 2019 arbeitet sie beim Zentrum Liberale Moderne.

Scherbakowa, Dr. Irina (*1949), Germanistin und Historikerin mit den Schwerpunkten Oral History, Totalitarismus, Stalinismus, Gulag und sowjetische Speziallager auf deutschem Boden nach 1945. Sie beschäftigt sich mit Fragen des kulturellen Gedächtnisses in Russland und der Erinnerungspolitik. Sie ist Gründungsmitglied von *Memorial* und Autorin zahlreicher Bücher, u.a. „Der Russland-Reflex" (2015) mit Karl Schlögel.

Simon, Prof. em. Dr. Gerhard (*1937), Historiker und Slawist mit den Schwerpunkten Russland und die anderen Staaten der GUS. Er war wissenschaftlicher Mitarbeiter am *Bundesinstitut für ostwissenschaftliche und internationale Studien* in Köln und Professor für Geschichte an der Universität Köln. Derzeit beschäftigt er sich mit autoritären Regimes und der Demokratisierung im GUS-Raum sowie aktuellen Entwicklungen in der Ukraine und in Russland.

Snyder, Prof. Dr. Timothy (*1969), Historiker mit den Schwerpunkten Osteuropa und Holocaust. Er ist Professor an der Yale-Universität sowie Permanent Fellow am *Wiener Institut für die Wissenschaften vom Menschen*. Als Autor publizierte er zahlreiche Bücher, u. a. „Bloodlands" (2010) und „On Tyranny" (2017).

Trașcă, Dr. Ottmar (*1969), Historiker mit dem Schwerpunkt Rumänien im Zweiten Weltkrieg. Er promovierte zu den rumänisch-deutschen politisch-militärischen Beziehungen 1940–1944. Als Stipendiat der *Alexander von Humboldt-Stiftung* forscht er zum Thema „Nachrichtendienst beim Verbündeten: Abwehrstelle Rumänien – ihre Partner, Konkurrenten und Gegner 1940–1944".

von Twickel, Nikolaus (*1969), Redakteur der Webseite „Russland verstehen" im Zentrum Liberale Moderne. Als Journalist arbeitete er bei der *Moscow Times* und u. a. bei der *Deutschen Presse-Agentur*. 2015/16 war er Medienverbindungsoffizier der OSZE-Beobachtermission in Donezk, Ukraine. Er schreibt u. a. für den *DRA e. V.* einen Newsletter über die Situation in den ostukrainischen „Volksrepubliken". Mit Thomas de Waal hat er gemeinsam das Buch „Beyond Frozen Conflict" (2020) veröffentlicht.

Wendland, Dr. Anna Veronika (*1966), Osteuropa- und Technikhistorikerin, Forschungskoordinatorin in der Direktion des Marburger *Herder-Instituts für historische Ostmitteleuropaforschung* sowie Projektleiterin im Sonderforschungsbereich SFB-Transregio 138 „Dynamiken der Sicherheit". Außerdem ist sie Mitglied des Petersburger Dialogs und der Deutsch-Ukrainischen Historikerkommission (DUHK).

Wolschner, Klaus (*1951), war von 1979 bis 2013 Redakteur der *taz* und ist seit 2005 als Lehrbeauftragter für Kultur- und Medienwissenschaften an der Universität Bremen tätig.

Yermolenko, Dr. Volodymyr (*1980), Philosoph, Essayist, Chefredakteur der Onlineplattform *UkraineWorld* und Leiter der Abteilung für politische Analysen bei *Internews Ukraine*. 2019 gab er den Sammelband „Ukraine in Histories and Stories: Essays by Ukrainian Intellectuals" heraus. Er unterrichtet zudem an der Kyiv-Mohyla-Academy und ist Mitglied von *PEN Ukraine*.

Ukrainian Voices

Collected by Andreas Umland

1 *Mychailo Wynnyckyj*
   Ukraine's Maidan, Russia's War
   A Chronicle and Analysis of the Revolution of Dignity
   With a foreword by Serhii Plokhy
   ISBN 978-3-8382-1327-9

2 *Olexander Hryb*
   Understanding Contemporary Ukrainian and Russian Nationalism
   The Post-Soviet Cossack Revival and Ukraine's National Security
   With a foreword by Vitali Vitaliev
   ISBN 978-3-8382-1377-4

3 *Marko Bojcun*
   Towards a Political Economy of Ukraine
   Selected Essays 1990–2015
   With a foreword by John-Paul Himka
   ISBN 978-3-8382-1368-2

4 *Volodymyr Yermolenko (ed.)*
   Ukraine in Histories and Stories
   Essays by Ukrainian Intellectuals
   With a preface by Peter Pomerantsev
   ISBN 978-3-8382-1456-6

5 *Mykola Riabchuk*
   At the Fence of Metternich's Garden
   Essays on Europe, Ukraine, and Europeanization
   ISBN 978-3-8382-1484-9

6 *Marta Dyczok*
   Ukraine Calling
   A Kaleidoscope from Hromadske Radio 2016–2019
   With a foreword by Andriy Kulykov
   ISBN 978-3-8382-1472-6

7 *Olexander Scherba*
   Ukraine vs. Darkness
   Undiplomatic Thoughts
   With a foreword by Adrian Karatnycky
   ISBN 978-3-8382-1501-3

8 *Olesya Yaremchuk*
   Our Others
   Stories of Ukrainian Diversity
   With a foreword by Ostap Slyvynsky
   Translated from the Ukrainian by Zenia Tompkins and Hanna Leliv
   ISBN 978-3-8382-1475-7

9 *Nataliya Gumenyuk*
   Die verlorene Insel
   Geschichten von der besetzten Krim
   Mit einem Vorwort von Alice Bota
   Aus dem Ukrainischen übersetzt von Johann Zajaczkowski
   ISBN 978-3-8382-1499-3

10 *Olena Stiazhkina*
   Zero Point Ukraine
   Four Essays on World War II
   Translated from Ukrainian by Svitlana Kulinska
   ISBN 978-3-8382-1550-1

11 *Oleksii Sinchenko, Dmytro Stus, Leonid Finberg (compilers)*
   Ukrainian Dissidents
   An Anthology of Texts
   ISBN 978-3-8382-1551-8

12 *John-Paul Himka*
   Ukrainian Nationalists and the Holocaust
   OUN and UPA's Participation in the Destruction of Ukrainian Jewry, 1941–1944
   ISBN 978-3-8382-1548-8

13 *Andrey Demartino*
   False Mirrors
   The Weaponization of Social Media in Russia's Operation to Annex Crimea
   With a foreword by Oleksiy Danilov
   ISBN 978-3-8382-1533-4

14 *Svitlana Biedarieva (ed.)*
   Contemporary Ukrainian and Baltic Art
   Political and Social Perspectives, 1991–2021
   ISBN 978-3-8382-1526-6

15 *Olesya Khromeychuk*
   A Loss: The Story of a Dead Soldier Told by His Sister
   With a foreword by Andrey Kurkov
   ISBN 978-3-8382-1570-9

16 *Marieluise Beck (Hg.)*
   Ukraine verstehen
   Auf den Spuren von Terror und Gewalt
   Mit einem Vorwort von Dmytro Kuleba
   ISBN 978-3-8382-1653-9

17 *Stanislav Aseyev*
   Heller Weg
   Geschichte eines Konzentrationslagers im Donbass 2017–2019
   Aus dem Russischen übersetzt von
   Martina Steis und Charis Haska
   ISBN 978-3-8382-1620-1

18 *Mykola Davydiuk*
    Wie funktioniert Putins Propaganda?
    Anmerkungen zum Informationskrieg des Kremls
    Aus dem Ukrainischen übersetzt von Christian Weise
    ISBN 978-3-8382-1628-7

19 *Olesya Yaremchuk*
    Unsere Anderen
    Geschichten ukrainischer Vielfalt
    Aus dem Ukrainischen übersetzt von Christian Weise
    ISBN 978-3-8382-1635-5

20 *Oleksandr Mykhed*
    „Dein Blut wird die Kohle tränken"
    Über die Ostukraine
    Aus dem Ukrainischen übersetzt von Simon Muschick und Dario Planert
    ISBN 978-3-8382-1648-5

21 *Vakhtang Kipiani (Hg.)*
    Der Zweite Weltkrieg in der Ukraine
    Geschichte und Lebensgeschichten
    Aus dem Ukrainischen übersetzt von Margarita Grink
    ISBN 978-3-8382-1622-5

22 *Vakhtang Kipiani (ed.)*
    World War II, Uncontrived and Unredacted
    Testimonies from Ukraine
    Translated from the Ukrainian by Zenia Tompkins and Daisy Gibbons
    ISBN 978-3-8382-1621-8

23 *Dmytro Stus*
    Vasyl Stus
    Life in Creativity
    Translated from the Ukrainian by Ludmila Bachurina
    ISBN 978-3-8382-1631-7

24 *Vitalii Ogiienko (ed.)*
    The Holodomor and the Origins of the Soviet Man
    Reading the Testimony of Anastasia Lysyvets
    With forewords by Natalka Bilotserkivets and Serhy Yekelchyk
    Translated from the Ukrainian by Alla Parkhomenko and Alexander J. Motyl
    ISBN 978-3-8382-1616-4

25 *Vladislav Davidzon*
    Jewish-Ukrainian Relations and the Birth of a Political Nation
    Selected Writings 2013-2021
    With a foreword by Bernard-Henri Lévy
    ISBN 978-3-8382-1509-9

26 *Serhy Yekelchyk*
    The Ukrainian Historical Profession in Independent Ukraine and the Diaspora
    ISBN 978-3-8382-1695-9

27 *Ildi Eperjesi, Oleksandr Kachura*
    Shreds of War
    Fates from the Donbas Frontline 2014-2019
    With a foreword by Olexiy Haran
    ISBN 978-3-8382-1680-5

28 *Oleksandr Melnyk*
    World War II as an Identity Project
    Historicism, Legitimacy Contests, and the (Re-)Construction of Political
    Communities in Ukraine, 1939–1946
    ISBN 978-3-8382-1704-8

ibidem.eu